専門基礎ライブラリー

入門会計学

改訂版

決算書が読めるようになるエッセンス

片山　覺・山内　暁

髙久隆太・井出健治郎・成岡浩一・根岸亮平

実教出版

まえがき

　本書は、大学においてはじめて会計学を学ぼうとする諸君のために書かれた「入門会計学 改訂版－決算書が読めるようになるエッセンス－」です。会計学のテキストは数多く出版されていますが、本書は、「財務諸表を読む・活用する」という立場から、会計学の基本的なしくみを学ぼうとする視点を中心に書かれています。

　私たちは、長年、大学で会計学や簿記の授業を担当してきました。その結果、私たちは、「会計は経営なり」という信念をもつにいたりました。もちろん、会計は経営そのものではありません。しかし、経営にとって、会計は必要不可欠な要素です。経営の問題は、多く会計言語を使用して、経営計画の発表や、経営実績の確認を行い、将来の適切な経営戦略に活用しています。また会計システムから生まれた各種の会計情報を通じて、経営の実態を知ることができます。大学を卒業した後、ビジネスで生きていこうとする学生諸君にとり、会計に関する基本的な知識は、実務で必ず必要となるノウハウです。

　会計は、それ自体独立して存在するものではありません。常に企業経営と結びつけて考えることにより、会計の存在意義を身近に感じることができると考えています。

　私たちは、授業をとっている学生たちやゼミ生に、「日経メモノート」または「メモノート」という課題を与えています。毎日、毎日の新聞には、企業の経営行動や決算発表の記事があふれています。新聞記事を通じて、生の生きた経営・経済の動きを実感し、現実の動きのなかで、会計情報の役割を感じることができると信じています。

　本書は、三位一体のシステムにより構成されている点に、大きな特色があります。すなわち、「テキスト」、「パワーポイント」、「サブノート」の３点セットです。本書は、大学における初学者を対象にしたものであり、大学での４単位科目の履修を前提として、「テキスト」が構成されています。「パワーポイント」は、授業を担当される先生方のための講義資料を意図したものです。「サブノート」は、講義を聞く、学生諸君への配付レジュメとして用意したノートであり、講義に即して適切なノートを作成できるように工夫をしてあります。

　本書の改訂版刊行にあたっては、「入門会計学」ですが、連結財務諸表や国際会計基準など会計学や会計実務の最近の動きを積極的に加えています。

　本書は、将来、ビジネスの世界で活躍が期待される学生諸君にとり、会計の意義や役割を肌で実感してもらえることを願って執筆したものです。著者一同の心からの願いがかなうことを期待しています。また、本書の企画・出版は、実教出版の永田東子氏の多大なご協力なくしては実現しませんでした。著者一同、心より感謝を申し上げる次第です。

　2020 年 8 月

早稲田大学 名誉教授

片山　覺

本書の構成

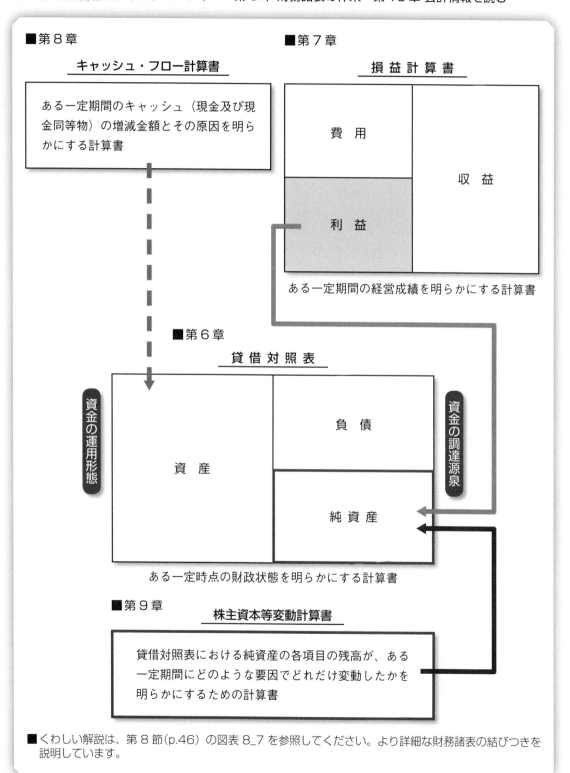

■第8章

キャッシュ・フロー計算書

ある一定期間のキャッシュ（現金及び現金同等物）の増減金額とその原因を明らかにする計算書

■第7章

損　益　計　算　書

費　用

収　益

利　益

ある一定期間の経営成績を明らかにする計算書

■第6章

貸　借　対　照　表

資金の運用形態

資　産

負　債

純　資　産

資金の調達源泉

ある一定時点の財政状態を明らかにする計算書

■第9章

株主資本等変動計算書

貸借対照表における純資産の各項目の残高が、ある一定期間にどのような要因でどれだけ変動したかを明らかにするための計算書

■くわしい解説は、第8節（p.46）の図表8_7を参照してください。より詳細な財務諸表の結びつきを説明しています。

第 1 章 会計は経営なり

1 事業の共通言語としての会計

本章のねらい

本章では、会計・会計情報がどのようなものであるかについて簡単に学習したうえで、それらを読みとくというアプローチから会計学を学ぶことの重要性を確認します。

具体的にはまず、社会のなかで会計情報がはたしている役割・意義について考えていきます。

次に、「会計は経営なり」の意識をもつことの重要性を学習します。会計学は、「経営」の問題と結びつけて勉強することが大切です。

そして、会計・会計情報を読みとくという立場から、会計学の基礎を学ぶという、このテキストのアプローチを確認します。

本章は、このテキストの最初の章となりますので、漠然とでもいいですから、会計・会計情報のイメージをつかみましょう。

1 事業の共通言語としての会計

本節で学習する箇所

(1) 私たちが生活している社会のなかで、気がつけば会計情報に囲まれています。社会のなかで会計情報のはたしている役割・意義について考えていきましょう。

(2) 会計や会計情報は、しばしば事業の共通言語といわれます。その理由を学習します。

(3) 会計学を勉強するには、「経営」の問題と結びつけて勉強することが大切です。「会計は経営なり」の意識をもちましょう。「日経メモノート」を実践しましょう。

1 社会のなかの会計情報

私たちの生活する環境は、IT技術の革新的な発展や、企業活動のグローバル化などにともない、ますます複雑になり、情報化の時代になりつつあります。情報化時代のなかで、ややもすると、私たちはあふれるような情報の波に圧倒され、主体性を見失い、受け身とならざるをえない状況におちいっているともいえます。せっかくの情報化時代ですから、私たちは、あふれる各種の情報を的確な分析力をもって、主体的に、みずからの行動のために取捨選択し、積極的に活用する能力をそなえたいと思います。インターネットの一般化により、必要な情報は、従来よりずっと、容易に、タイムリーに入手することが可能な時代となりました。

日本経済新聞には連日、企業の決算発表が報道され、今後の業績予測など企業のいまの動向が提供されています。企業のWebサイトのIR情報にアクセスすれば、企業に関する情報は、いつでも、だれでも、世界のどこの地域からでも各種の有用な情報を入手することができます。

企業の決算において、「増収増益」もあれば「増収減益」もあります。「減収減益」もあれば「減収増益」もあります。これはどのような意味をもつのでしょうか。そのような決算となった原因はどこにあるのでしょうか。「**収益**」と「**利益**」は同じ概念でしょうか。「利益」とは、1つの概念なのか、どのような内容の、どのような情報有用性をもつものでしょうか。

あなたの情報に対する姿勢や、知的好奇心のもち方しだいで、積極的で、いきいきとした日常生活を送ることができるでしょう。会計や会計学に関しても、同じようなことがいえます。

予習ポイント①
IR情報については、第7節（p.37）で学習します。

予習ポイント②
会計情報の入手方法については、第7節（pp.37-40）で学習します。

予習ポイント③
「増収増益」、「増収減益」、「減収減益」、「減収増益」、「収益」や「利益」について、具体的には、第15節（pp.94-96）で学習します。

2 会計は事業の共通言語

会計や会計情報は、しばしば**事業の共通言語**（Business Language）とよくいわれます。その理由はどこにあるのでしょうか。「利益」というものは企業行動の重要な目標で

あり、動機です。しかし、「利益」は直接測定できるものではなく、また目に
みえるものでもありません。「利益」は、実際上は、会計の測定システムに
よって算定されるものなのです。わが国をはじめ世界の企業や経済の発展は
めざましいものがあり、私たちの生活に安定とゆとりを与えてくれています
が、「会計」という測定システムが大きな貢献をしているのです。もし「会
計」が、この世のなかに存在していなければ、企業も経済もこんにちとは異
なった姿を示していると想像します。

　企業行動と、会計情報の関係を示すと、次の図表1_1となります。

図表 1_1　企業行動と会計情報の関係

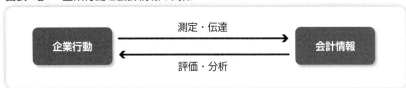

　企業行動は会計情報を利用して**経営成績**や**財政状態**などが測定され、経営
者をはじめ、企業を取り巻く利害関係者に伝達されます。同時に、経営者や
その他の利害関係者は、会計情報を通じて企業の状況を評価・分析します。

　もちろん、企業が必要とする情報は、多種多様な情報があり、財務的な情
報・非財務的な情報、数量的な情報、質的な情報など、極端にいえば、無限
に近いといってもよい情報が存在するでしょう。

　そのなかで、歴史的に、時代をこえて、長い期間、企業により会計情報が
作成され、利用されてきた理由はどこにあるのでしょうか。最近では、経済
活動・金融活動のグローバル化にともない、会計基準も国際的な統一化の動
きが進展しているのはなぜでしょうか。会計に関する知識やノウハウが必要
なのは、会計や財務にたずさわる人々ばかりでなく、ビジネスにかかわる人々
ならだれにとっても必要不可欠な知識と受けとめられる時代となってきまし
た。それはなぜでしょうか。

　それは、会計や会計情報が「事業の共通言語」と認識されているからなの
です。しかも1つの国内や地域に限定して利用される事業言語から地球規模
の「グローバルな事業言語」になりつつあるといえます。

予習ポイント④

会計情報のグローバル化につ
いては、第4節(pp.24-25)
で学習します。

3　経営とつなげて会計を考える

　会計学を学ぶアプローチには、いくつかの方法があります。「**財務会計**」「**管
理会計**」として学習することが一般的です。「財務会計」は、企業の株主・投
資家のための外部報告のための会計であり、「管理会計」は、企業の内部の経
営管理や意思決定に役立てる会計の手法を学びます。会計学を独立の研究領
域や学習対象として、財務諸表作成のための会計基準や会計のしくみを学習

予習ポイント⑤

財務会計と管理会計について
は、あらためて第2節(p.15)
で学習します。

することも多いです。

　本書は、「会計」だけを独立的に学習するのではなく、企業経営の問題と関連させて、「会計」の問題を考えていこうというアプローチです。「会計」を、つねに企業経営やマーケティングなどとつなげてとらえることにより、会計の意義や役割、重要性、面白さや奥深さをよく認識できると実感しているからです。

4　日経メモノートのすすめ

　日本経済新聞は、経済・経営関係の専門紙であり、企業経営に関する情報が連日、報道されています。経営戦略はもちろん、企業の決算発表、決算見通し、株式市場をはじめとする資本市場の動向等、将来、ビジネスで活躍しようという学生諸君にとってプラスとなる「生きた教材」が記事にあふれています。学生諸君が就活をはじめるころになって、あわてて購読をはじめる光景をよくみています。最近は、経団連の就活ルールも緩和され、インターンシップも活発に実施されています。大学入学後のはやい段階から、実際の経済社会の動きに常に注目していくことにより、大学での勉学への意欲が驚くほど向上していきます。

　「日経メモノート」は、日経新聞を読み、自己の考えを日常的にメモしていく習慣づけです。「日経メモノート」は、次のようなプロセスで実践していきます。

> Part Ⅰ：日経新聞を毎日読む。
> Part Ⅱ：気づいた記事について、自己のコメントをメモする。
> 　① 興味深いと思ったこと。
> 　② なるほどと思ったこと。
> 　③ 発見したこと。
> 　④ 重要だと思ったこと。
> 　⑤ 疑問に思ったこと。
> 　⑥ なぜ、そのような戦略や結果となったか目的や理由を考える。
> 　⑦ その動きの影響を考え、今後の動向を予測してみる。
> 　⑧ その他気づいたことはなんでも積極的にメモする。

　たとえば、あるメーカーが「前期5％減収10％増益」との決算発表があったとき、なぜ収益が減少したにもかかわらず、利益が増加したのか、その要因を分析して気づいたことをメモします。また、ある企業が海外の企業をM&Aで買収した記事を読んだとき、なぜそのような経営戦略を実行したのか、その目的・ねらいは、業界やライバル会社への影響はどうだろうかと、推測し、自分のコメントを書き込んでいきます。

　毎日毎日、新鮮で現実の生（なま）の動きに注目し、自分の考えを文章にすることで、いつの間にか、どんどんコメントが湧き出してきます。企業、経

済、社会の動きが、相互に影響しあい、関連性が次第にみえてきます。会計情報と社会のつながりも実感するようになります。大学での勉強は、それぞれ、一見すると独立しているようでも、実際の社会では、相互に有機的に深くつながっていることに気づきます。

　日経記事だけでなく、テレビやネットのニュース、経済週刊誌、アルバイトの現場などメモノートの取材ターゲットは、自然にひろがっていきます。社会に対する主体的な姿勢がいつの間にか向上していることに驚くでしょう。AI化時代に直面し、氾濫する情報に受け身のまま流されるのでなく、自分の側から主体的に、情報を積極的に活用していくようになります。日経メモノートは、インターンシップや就職活動にも大きく役立つことが実証されています。

日経メモノート

実際に学生が作成した日経メモノートと教員のコメントを紹介します。

※本書に掲載されている新聞・雑誌記事は、便宜上省略している場合があります。学習のさいには、記事の原典に当たるようにしましょう。

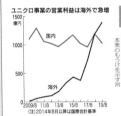

ユニクロ、海外で稼ぐ

営業利益、国内を逆転

ユニクロ事業の営業利益は海外で急増

主要小売業で初

日本経済新聞
2019 年 10 月 11 日朝刊

日経メモノート

ユニクロ、海外で稼ぐ

【Part I】

　ユニクロが 2019 年 8 月期の連結決算（国際会計基準）で、海外営業利益が国内部門を上回った。主力事業の海外利益が国内を上回るのは主要小売業では初となった。国内では暖冬で苦戦したが、中国をはじめアジアで稼ぐ。ユニクロの海外進出の歴史は長い。SNSを活用したデジタルマーケティングや日本の人気キャラクターと組んだブランド戦略で若者を中心に支持を獲得した。最近ではインドにも進出、ファストリの株式市場での評価は高い。

（日経新聞 2019 年 10 月 11 日朝刊より）

【Part II】

　日本国内が暖冬により苦戦しているなか、ユニクロ事業の海外営業利益が国内を上回り、主要小売業で初の偉業を成し遂げたのはすごいと思った。デジタルマーケティングや日本のキャラクターと組んだブランド戦略を利用したのが一番成果を出したのではないかと思った。デジタルマーケティングとは何かよくわからないので調べてみよう。しかし、国内の営業利益が徐々に下がってきてしまっている為、今後どのような対策を取るのかとも気になった。これからもユニクロの動きに注目していこう。

あふれるメモノートスピリットで、日常の生活を生き生きとしたものに！

5 会計を必要とする職業

会計に関する知識の必要性は、ますます高まっています。企業やその他の事業体に関わる人々にとって必要不可欠な知識やノウハウとなっています。会計に関する専門的な職業の例として、以下のような職業専門家があります。

予習ポイント⑥

これらの職業については、それぞれ資格試験が行われており、そこでは会計の知識が問われています。

公認会計士とは、いわゆる会計の専門家であり、企業の財務諸表に関する適正性を証明する監査業務は、公認会計士だけに認められる独占的業務です。監査業務ばかりでなく財務、経理、税務さらにはM&A等の経営戦略に関するコンサルティング業務など、活躍の場がひろがっています。

公認会計士試験は、短答式試験と論文式試験とがあります。短答式試験は、「財務会計論」、「管理会計論」、「監査論」、「企業法」が必修です。論文式試験は、「会計学」、「監査論」、「企業法」、「租税法」および選択科目（「経営学」、「経済学」、「民法」、「統計学」のうち1科目）に合格することが必要です。

税理士とは、税務に関する専門家として、租税法・会計学等の専門知識を駆使して業務を行います。税理士となるためには、税理士試験において会計学に属する科目（「簿記論」および「財務諸表論」）2科目に合格しなければなりません。その他税法関係科目3科目に合格することが必要です。

国税専門官とは、国税局や税務署において、国税にかかわる業務を行う公務員です。国税専門官には、国税調査官、国税徴収官、国税査察官の3つの種類があります。国税専門官採用試験では、「会計学（簿記を含む）」が必修科目として出題されます。

中小企業診断士とは、中小企業法にもとづき、中小企業の経営診断の業務に従事する経営・業務コンサルティングの専門家です。

証券アナリストとは、証券投資において各種情報の分析や投資価値の評価を行い、投資に関する助言や投資管理を行う専門家です。第1次試験に財務分析の科目が課せられています。

ファイナンシャル・プランニング技能士とは、個人的な資産運用や金融に関する総合的なアドバイスをする職業です。

本節のポイント

会計が、社会のなかでどのような役割をもつか、理解できましたか。

本テキストにおける、会計・会計情報を読みとくという立場から、会計学の基礎を学ぶというアプローチを、理解できましたか。

第 **2** 章 会計と複式簿記システム

2 会計情報のユニーク性

本 章 の ね ら い

　本章では、会計・会計情報についてより具体的に学習したうえで、会計情報のユニーク性が複式簿記システムにあることを確認します。

　具体的にはまず、「会計」の定義および会計情報の意義について学習します。

　次に、会計情報のユニーク性が、複式簿記システムにもとづく情報であることを確認し、その複式簿記システムの特長について学習します。

　最後に、基本的な財務諸表の体系について簡単に学習します。

　本章では、第 1 章よりも、より具体的・専門的に会計・会計情報のことを理解していきましょう。

2 会計情報のユニーク性

本節で学習する箇所

（1）「会計」の定義を学習します。
（2）会計情報の意義について、学習します。
（3）会計情報のユニーク性は、複式簿記システムにもとづく情報です。
（4）複式簿記システムの特長について、学習します。
（5）基本的な財務諸表の体系について、学習します。

1 会計の定義

企業経営に関する情報は本当に多種多様な情報が作成され、提供されています。会計や会計情報は、数多くある経営情報の1つです。このことをしっかりと認識し、会計情報の適切な評価をしなければなりません。過大な評価をした場合には、企業全体の大局観において判断を見誤るケースも生じます。逆に、過小な評価をした場合にも、冷静で、客観的な判断に欠ける可能性も生じかねません。

会計や会計情報には、その情報の特性や役割について、意義と限界があります。そのことをしっかりと認識したうえで、会計情報を利用することが求められます。

「会計」の定義については、いろいろな定義がありますが、一般的には、次のように定義されます。

「会計（Accounting）とは、ある経済主体の経済事象を、貨幣単位により測定し、情報利用者に伝達する行為である。」

「経済主体」とは、おもなものには企業が想定されます。「企業会計」は、個人企業から、株式を公開している大規模な株式会社までさまざまな経済主体が存在します。企業の経済主体も個別企業だけでなく、企業グループを単一の経済主体とみなし、いわゆる連結決算を行い、**連結財務諸表**を作成する場合もあります。

「貨幣単位による測定」を基本としますから、財務的な情報であり、非財務的な情報は含まれないという制約があります。ただ、最近では、事業報告、ビジネス・レポーティングという発想も主張されるようになりました。そのような発想をした場合には、「会計」の定義にも変化が生じる可能性もあります。しかし、会計は、今後も、あくまで財務的な情報の測定・伝達が中心であるものとして継続するでしょう。

予習ポイント①

連結財務諸表については、第8節（pp.47-49）で学習します。

2 会計の領域

　会計は企業の会計だけでなく、さまざまな領域において利用され、適用されています。会計の領域を示すと次のようなひろがりがあります（図表2_1）。企業会計以外にも、家計、公会計、非営利法人会計などがあり、それぞれの会計で、特長があります。ただ、企業会計のしくみを、しっかりと理解し、学習しておくことが大切です。企業会計の基本的なしくみを理解することにより、ほかの会計のしくみの特長についての理解も容易になります。

図表2_1　会計の領域

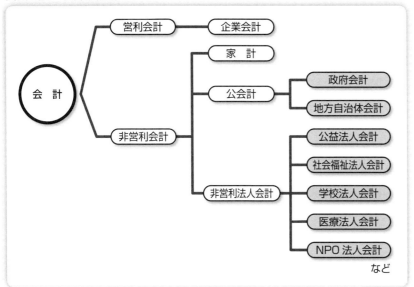

　また、会計は、**財務会計**と**管理会計**に分けて考えることができます。　^{復習ポイント①}

　たとえば、企業会計における財務会計とは、企業の株主・投資家のための外部報告の会計です。具体的には、企業の財産や債務の状況（財政状態）および企業がどれくらい稼いだか（経営成績）を明らかにするために、企業の資産や負債および利益などの金額を計算して報告します。財務会計は、会計基準というルールによって、どのように計算して報告すべきかが決められており、本書ではこの会計領域を中心に学習します。

　一方、企業会計における管理会計とは、企業の経営管理や意思決定に役立てるための内部報告の会計です。具体的には、製品を作るためにかかった費用（製造原価）の集計、投資のキャッシュ・フローの分析、企業の予算管理^{予習ポイント②}などを行います。管理会計の手法には決まったルールはありませんので、基本的に企業独自の方法で行われています。

復習ポイント①

財務会計・管理会計と経営の視点の重要性については、第1節（pp.8-10）で学習しました。

予習ポイント②

キャッシュ・フローについては、第19節（pp.122-141）で学習します。

3 　会計・会計情報のユニーク性

　会計や会計情報は、数多くある経営に関する情報の1つですが、ほかの経営情報にはない、あるユニーク性をもった情報です。そのユニーク性が、歴史上、長い期間、ビジネスの世界で利用されてきた秘密があるのでしょう。

　会計や会計情報システムのユニーク性とは、「**複式簿記**」の測定システムにあります。

　複式簿記システムを定義すると、次のようになります。

　「複式簿記とは、ある経済主体の財産の変動を、その増分と減分との因果関係により、2元的に認識・測定・伝達するシステムである。」

4 　複式簿記システム

| 複式簿記の
取引要素 |

　簿記システムには、**単式簿記**と**複式簿記**の2つのシステムがあります。

　単式簿記は、現金の収入・支出等を、その財産のみの単独の動きだけで把握をします。家計簿のような帳簿が単式簿記の例です。

　複式簿記は、複雑で多様な取引や経済事象を、たった5つの要素（取引要素）でもって、分類し、測定します。

　5つの要素とは、次のとおりです。

　　①　**資産**　　②　**負債**　　③　**純資産（資本）**

　　④　**収益**　　⑤　**費用**

　資産とは、過去の取引または事象の結果として、企業が支配している経済的資源をいいます。たとえば、現金、預金、売掛金、商品、建物、備品などがあります。

　負債とは、過去の取引または事象の結果として、企業が支配している経済的資源を放棄もしくは引き渡す義務などをいいます。たとえば、買掛金、借入金、社債などがあります。

　純資産（資本）〔ステップアップ①〕とは、資産と負債の差額をいいます。たとえば、資本金、資本剰余金、利益剰余金などがあります。

　収益とは、企業活動の結果として、純資産が増加する原因をいいます。たとえば、売上、受取手数料、受取利息、受取家賃などがあります。

　費用とは、収益とは逆に、企業活動の結果として、純資産が減少する原因をいいます。たとえば、仕入、給料賃金、広告宣伝費、支払手数料、支払利息、支払家賃などがあります。費用は、収益項目に比べると、その種類が数多くあるのが一般的です。

| 因果関係による
2元的測定（仕訳） |

　複式簿記では、以上のような5つの取引要素、すなわち資産・負債・純資産・収益・費用で分類された財産の変動を、1つの取引要素単独の変動では認識しないのが特長です。

ステップアップ①

以前は、資本とよばれていましたが、現在は、純資産とよばれています。

たとえば、ある企業に現金が100万円増加している場合、現金が100万円増加したという事実だけでは、複式簿記のシステムにはインプットしません。現金という資産がなぜ、どんな理由で、100万円増加をしたのかを考えて、財産の変動を単独ではなく、2元的な因果関係でもって認識・測定するのです。

現金100万円が増加した理由には、次のようないろいろな原因が考えられます。

① 商品100万円を現金販売したから。
② 掛け販売した代金100万円を現金で回収したから。
③ 企業が100万円の増資をしたから。
④ 銀行から100万円の借入れをしたから。
⑤ 100万円の利息を受け取ったから。

以上のそれぞれのケースは、次のような取引要素（財産）の変動の因果関係が認識されます。

現金100万円の増加（資産の増加）——▶
① 売上100万円の増加（収益の発生）
② 売掛金100万円の減少（資産の減少）
③ 資本金100万円の増加（純資産の増加）
④ 借入金100万円の増加（負債の増加）
⑤ 受取利息100万円の増加（収益の発生）

その企業の財産の変動に影響をおよぼす経済事象を**簿記上の取引**とよびます。どんなに複雑な取引であっても、複式簿記では、この5つの取引要素どうしの因果関係を認識し、複式簿記のシステムにインプットすることができます。

これらの因果関係を一般化すると、図表2_2のとおりです。

取引要素相互間で因果関係を認識することを、複式簿記では、「**仕訳**」といいます。どんな種類の取引でも、どんな複雑な取引でも、「仕訳」をすることによって、複式簿記のシステムに取り込むことができます。個別の日々の取引をデータとして集計し、財務諸表としてまとめることができます。

図表2_2　取引要素の因果関係

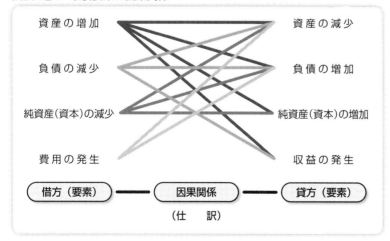

予習ポイント③

貸借対照表について具体的には、以下で学習します。
・貸借対照表の実例：第5節（p.27）
・貸借対照表とは：第9節から第14節（pp.52-88）
・貸借対照表を用いた分析：第24節（pp.161-169）

予習ポイント④

損益計算書について具体的には、以下で学習します。
・損益計算書の実例：第5節（p.28）
・損益計算書とは：第15節から第18節（pp.92-119）
・損益計算書を用いた分析：第25節（pp.170-180）
・貸借対照表と損益計算書の両方を用いた分析：第25節（pp.180-186）

予習ポイント⑤

キャッシュ・フロー計算書について具体的には、以下で学習します。
・キャッシュ・フロー計算書の実例：第5節（p.29）
・キャッシュ・フロー計算書とは：第19節から第21節（pp.122-141）
・キャッシュ・フロー計算書を用いた分析：第25節（pp.187-191）

予習ポイント⑥

株主資本等変動計算書について具体的には、以下で学習します。
・株主資本等変動計算書の実例：第5節（p.30）
・株主資本等変動計算書とは：第22節（pp.144-151）

予習ポイント⑦

本節では、簡単なイメージのみをつかみましょう。基本的な財務諸表の体系について、より具体的には第8節（pp.42-47）で学習します。

　複式簿記を学習する過程で、数多くの取引について仕訳をする機会がたくさんあります。数多くの仕訳の問題を自分でとき、考えていく経験を積むことは、ひじょうに大切です。仕訳の経験を重ねることにより、いつの間にか、あなたの**財務センス**が鋭敏になり、磨かれることは確実です。本テキストは、会計情報を読む、利用する、読みとくという視点から、会計学の基礎を学習するというアプローチで書かれています。

　その目的達成を、より効果的にするには、あなたのいわゆる「**仕訳力**」を向上させることが大切です。それは、日々の仕訳処理の積み重ねにより、「貸借対照表」、「損益計算書」、「キャッシュ・フロー計算書」および「株主資本等変動計算書」という財務諸表が作成されるからです。

　基本的な財務諸表の構造は、図表2_3（a）（b）（c）のとおりです。

図表2_3（a）　基本的な財務諸表の構造

　「貸借対照表」は、ある企業のある一定時点における資産、負債、純資産で測定した、財政状態を明らかにする計算書です。「損益計算書」は、ある企業のある一定期間の経営成績を明らかにする計算書です。また、「キャッシュ・フロー計算書」は、複式簿記のシステムから直接、測定される計算書ではありませんが、貸借対照表や損益計算書のデータを、資金の観点から修正して作成されます。「株主資本等変動計算書」は、純資産の変動、主として株主資本の変動の事由を記載する計算書です。

図表2_3（b）

図表2_3（c）

株主資本等変動計算書	
純資産の減少	純資産の増加

　以上の財務諸表の関係を体系化してみると、次の図表2_4のような体系を構成していることがわかります。

　貸借対照表は企業の財産計算を、損益計算書は損益計算を、キャッシュ・フロー計算書は資金計算をしている財務諸表です。企業の経営状況を概括的に認識するためには、この3つの計算領域を把握すれば十分です。この体系

図表 2_4　財務諸表の体系

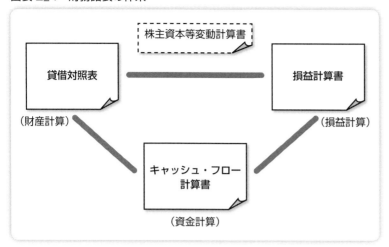

を「**財務諸表3本化の体系**」とよんでいます。

　さらに株主資本等変動計算書は、純資産の増減を記録し、貸借対照表と損益計算書をつなぐ役割をはたしています。この財務諸表を含めると「財務諸表4表」とよばれます。このような情報は、会計情報が提供する経営情報です。

　財務諸表になじみ、自由自在に活用することができるようになるためには、会計情報の構造のしくみについての基本的な理解が必要です。

　そのためには、複式簿記の知識、とくに仕訳に強くなることが必要不可欠です。

　最近のコンピュータの発展により、会計処理システムは自動化され、瞬時に財務諸表が作成されるようになりました。そのような状況であるからこそ、仕訳力の強さが重要なものとされるのです。

　仕訳力をつけるには、さまざまな取引について正確に仕訳ができるように、取引を仕訳する訓練を心がける必要があります。

　ただし、本書はとくに、会計の初心者が会計情報をひととおり簡単に読むことができるようになるという視点から構成されていますので、具体的な仕訳についてくわしくは取り上げていません。

　しかし、仕訳の理解なくしては、会計情報をより深く読むことができるようにはなりません。

そこで本書では、仕訳力をつけてもらえるように、補足資料を用意しました。これらのダウンロードの方法については、「本書の使い方」（前見返し裏）を確認してください。

会計リテラシーの必要性

大学生が就職活動を経て、内定の出た会社から、入社までに勉強してくるよう要求される課題として、「英語」、「IT 知識」とともに「会計学の基礎知識」があげられます。

2019 年 4 月 3 日付の日本経済新聞では、以下の記事がみられます。

キャリアアップや転職活動で大きな役割を果たす資格。社会人に必須の基本的な知識が身につくものから、持っていれば専門性をアピールできるがその分難易度が高いものまで種類は様々。自分の業界・職種にあった資格をどのように選べばよいのか、資格取得の学校を運営する「TAC」の担当者にポイントを聞いた。

■多業界で有用

まずは基本的な資格として、今も昔も重視されているのが英語・簿記検定・IT 系の資格の 3 種類。TAC 宣伝企画部の縄野朋子さんは「この 3 つは社会人として知っておくべき知識に関する資格。どの業界・職種でも持っていて決して損はない」と入門編として勧める。

簿記検定は財務諸表の作成の仕方を問う内容で、3 級であれば比較的短期間の勉強で取得も目指せる。中小企業診断士や税理士などほかの資格の取得を目指す場合の入門としても役に立つ。また簿記検定とは別に、財務諸表を情報として理解分析できるかどうかを試すビジネス会計検定試験も 2007 年に登場した。受験者数も徐々に増えている。（中略）

TAC で人気の 上位 5 つの資格
1 位　簿記検定
2 位　社会保険労務士
3 位　税理士
4 位　宅地建物取引士
5 位　中小企業診断士

（注）TAC への資料請求数が多かった講座順

■合格で奨励金も

この 3 種類の資格勉強をすれば「社会人に必要な知識が身につく」（縄野さん）。内定後に簿記検定や TOEIC の受験を促す企業もあり、学生時代に取得すれば就職活動でも評価につながって一歩リードすることもできる。より専門的な知識を学びたいのであれば、研修を終えた後、配属先の部署や業界に応じて業務に役立つ資格を選ぶのもよい。（後略）

出所：「合う資格、選ぶコツは？—— 英語・簿記・IT は入門、専門資格　補助の活用も（新社会人応援講座）」日本経済新聞 2019 年 4 月 3 日朝刊

$\mathcal{P}$ 本節のポイント

✎会計情報は、数多くある経営情報の 1 つですが、ほかの経営情報にはない、あるユニーク性をもつ情報であることについて、理解できましたか。

✎複式簿記は、財産の変動を、資産、負債、純資産（資本）、収益、費用という 5 つの取引要素で分類・測定することについて、理解できましたか。

✎複式簿記は、財産の変動を単独では認識せず、必ず因果関係により 2 元的に認識・測定することについて、理解できましたか。

第 **3** 章 会計の情報利用者とグローバル化

本 章 の ね ら い

　本章では、まず、企業を取り巻く利害関係者（経営者・株主・投資家・金融機関・取引先・従業員・税務当局・監督官庁・消費者）について学習します。これら利害関係者は、第1章と第2章で確認した会計情報を利用する、会計情報利用者です。

　次に、会計基準の統一化の動きについて、確認します。企業活動がグローバル化することにより、企業会計の基準やルールのグローバル化、統一化の必要性が検討されています。

　最後に、ケーススタディとして、財務諸表の実例を確認します。

3 会計の情報利用者

本節で学習する箇所

（1）企業を取り巻く利害関係者にはどのようなグループが存在し、それぞれがどのような
情報ニーズをもっているかを学習します。

（2）会計情報の信頼性について、学習します。

1　会計の情報利用者

企業を取り巻く会計の情報利用者は、企業の規模が拡大し、株式を公開し、グローバル化するほど、多数にのぼり、利害関係も複雑になります。企業を取り巻く**利害関係者（ステークホルダー）**は、同時に、会計の情報利用者となります。企業を取り巻く情報利用者を示すと、図表3_1のようになります。

図表3_1　企業を取り巻く利害関係者（会計の情報利用者）

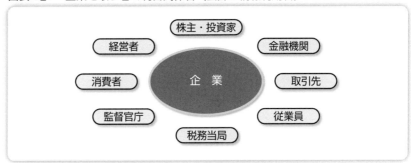

予習ポイント①

これらの会計情報の利用者に対して、具体的にどのような会計情報が提供されているかについては、第6節（pp.32-36）で学習します。

予習ポイント②

株式と社債の違いについては、第10節（p.61）で学習します。

予習ポイント③

投資家のイメージは、第6節図表6_1（p.33）で確認することができます。

会計の情報利用者は、次のように分類されます。

（1）経営者

企業経営者は、経営目標や経営計画を設定するために、会計情報を利用します。経営のPlan-Do-Seeのサイクルを効率的かつスピードをもって遂行するため、会計情報を活用します。

（2）株主・投資家

株式や社債を保有している株主・投資家および潜在的な将来の株主・投資家は、投資意思決定のために会計情報を活用します。外部報告のための会計においては、投資家の意思決定に役立つ情報を主要な情報であると位置づけています。最近は国内の投資家だけでなく、海外の投資家の重要性が増大しています。日本の市場に株式公開している会社のなかには、外国人投資家のウエイトが高い、なかには過半数をこえる持株比率の会社もあります。

（3）金融機関

金融機関は、それぞれのビジネスを行うために、日常的に会計情報を活用

します。たとえば、銀行は、企業に融資をするに当たり、貸付債権の回収可能性を評価するために、企業の会計情報を利用して安全性分析を行います。また、証券会社は、企業の株式を売買、またはその取引の仲介を行うさいに、企業の会計情報を利用して収益性分析を行います。

（4）取引先

企業の取引先は、取引を開始するに当たり、相手先の経営状況を評価し、その後も継続的に企業の動向をチェックするため会計情報を活用します。

（5）従業員

企業ではたらく従業員は給料賃金の交渉のため会計情報に関心をもちます。

（6）税務当局

税務当局は、税収の確保のため、企業の確定申告の信頼性をチェックするため会計情報を活用します。国内だけでなく海外の税務当局も国際税務のため会計情報を活用します。

（7）監督官庁

わが国の金融庁などの監督官庁は、企業の資金調達や投資家の資金運用のための資本市場の円滑な運営、監督規制の目的で、企業会計制度を整備します。

（8）消費者

企業倫理、コンプライアンス（法令順守）、消費者重視の流れから、消費者は、企業にとって重要な利害関係者であり、情報利用者です。

トピック①

会計情報の信頼性

　本節で学習したように、会計には、多くの情報利用者がいます。そして、会計情報は、それぞれのさまざまな意思決定に用いられています。しかし、その会計情報は、はたして信頼できるものなのでしょうか。もしその情報が間違ったもの、または不正に歪められたものであったら、どうしますか。そうすると、間違った、または不正に歪められた会計数値によって、間違った意思決定をしてしまうことになります。

　そのようなことがないよう、会計情報については、公認会計士による監査が行われることとなっています。公認会計士による監査が行われることにより、会計情報は信頼できるものである、というお墨つきを得ることができるのです。

$\mathcal{P}$ **本節のポイント**

✍企業にはどのような利害関係者、情報利用者が存在するかについて、理解できましたか。

✍会計情報の信頼性について、理解できましたか。

予習ポイント④

融資というのは、お金を貸すということです。この場合、金融機関は第6節（p.32）で学習する**債権者**となります。

ステップアップ①

そのほか、学生もインターンシップやリクルート活動に当たり、企業のWebサイトのIR情報などを通じて、企業分析のため会計情報を活用するケースが多くなってきています。

ステップアップ②

日本公認会計士協会のWebサイトでは、以下のコンセプトの「解説動画「公認会計士のしごととAI」（2018年12月26日）」【https://www.youtube.com/watch?v=klBXUcssYb4】をみることができます。

経済に興味のあるコガさんは、将来の進路について思いを巡らせています。学校の先輩で公認会計士であるマノさんが、公認会計士の仕事について解説するとともに、AIにとって代わられてしまうのではという心配に対しアドバイスします。

出所：日本公認会計士協会「公認会計士業務とAI」【https://jicpa.or.jp/cpainfo/ai.html】（2018年12月26日）

4 会計のグローバル化

本節で学習する箇所

（1）こんにち、企業の活動はますますグローバル化しています。「グローバル・マネジメント」、「グローバルな資金調達及び運用」のニーズが高まっていることを学習します。

（2）企業活動がグローバル化することにより、企業会計の基準やルールのグローバル化、統一化の必要性が検討されていることについて、学習します。

（3）日本における国際会計基準をめぐる動向について、学習します。

1 企業活動のグローバル化

企業活動は、ますます地球規模でグローバルに発展しています。海外現地法人なども多数にのぼる時代をむかえています。また、かぎられた経営資源の有効活用のため、「事業の選択と集中」戦略のため、事業の売却や買収戦略、いわゆる M&A 戦略が活発に行われています。

企業活動のグローバル化により、企業は、企業グループの業績管理のために、また最適な事業ポートフォリオおよび資金調達などの経営戦略をたてるために、国際的な観点から判断し、意思決定をしていかなければならなくなりました。

このように、「グローバル・マネジメント」「グローバルな資金調達及び運用」のニーズが高まってきているのです。

2 企業会計基準のグローバル化

企業活動のグローバル化が進展した場合、それぞれの国や地域で、企業会計の基準やルールに差異が存在すると、各種の問題が生じます。海外の子会社や関連会社を連結する場合、海外への投資や M&A 戦略を検討する場合、海外での資金調達や資金運用を行う場合に、会計基準や会計実務に違いがあると、不都合が生じます。国際的に企業間の経営比較を行う場合にも比較可能性が欠ける結果となります。

予習ポイント①

そのために、各国の会計基準を統一しようという動きが活発になってきました。国際的に統一された会計基準については、国際会計基準審議会（IASB）❶を中心に検討が行われ、国際会計基準（IAS）❷、国際財務報告基準（IFRS）❸が公表されてきました。本書では、これら IAS と IFRS をあわせて、国際会計基準または IFRS といいます。

予習ポイント①

たとえば、会計基準が異なると、企業の「もうけ」をあらわす「利益」の金額が異なります。具体的には、第15節トピック①「異なる会計基準により異なる利益」（p.96）で学習します。

❶ International Accounting Standards Board の略語。

❷ International Accounting Standards の略語。

❸ International Financial Reporting Standards の略語。

日本における国際会計基準をめぐる動向

■日本企業における国際会計基準適用の状況

　日本では現在、国際会計基準の強制適用はなされていない状況にあります。ただし、日本国内において国際会計基準を任意適用している会社をみることはできます。たとえば、日本取引所グループの Web サイトでは、2023 年 8 月時点の情報として、国際会計基準を任意適用している会社数および任意適用を決定している会社数が、右図のように示されています。

IFRS 適用済会社数	262 社
IFRS 適用決定会社数	11 社
合　計	273 社

出所：「日本取引所グループ「IFRS 適用済・適用決定会社一覧」」より修正・引用【https://www.jpx.co.jp/listing/others/ifrs/index.html】

（閲覧日 2023 年 8 月 31 日）

　それらの情報は、随時アップデートされています。自分でも実際に、日本取引所グループの Web サイトを確認してみましょう。

■日本における 4 つの会計基準

　日本では現在、いくつかの会計基準が適用できることとなっています。2018 年 4 月 14 日付の日本経済新聞では、以下のような記事がみられます。

　上場企業の間で決算書を作る際の会計ルールを国際会計基準（IFRS）にする動きが加速している。トヨタ自動車やソニーが導入の本格検討を始め、新日鉄住金も採用を決めた。採用企業は年内 200 社に達する見通しで、合計の時価総額は東京証券取引所の 3 分の 1 に迫る。

　日本で採用できる会計基準は現在 4 つ。日本基準、米国会計基準、IFRS に加え「日本版 IFRS」の位置づけである修正国際基準（JMIS）が併存する。日本取引所グループによると、3 月末で最も多いのは日本基準の 3376 社だが、IFRS も 189 社（適用予定も含む）まで増え、1 年前比 27 社増となった。

　日本基準からの切り替えが主流だが、ここにきて目立つのが、トヨタやソニーなど米国基準から IFRS への変更検討例だ。NTT や NTT ドコモ、京セラなどは既に正式に変更を発表した。（後略）

出所：「国際会計基準　200 社迫る、IFRS　トヨタ・ソニー導入検討」日本経済新聞 2018 年 4 月 14 日朝刊

　ちなみに、以下の図にあるように、日本では 2010 年から国際会計基準を任意適用しています。また EU では、2005 年から上場企業に義務づけ、米国では日本企業などの外国企業が国際会計基準を適用することを認めています。

出所：「わかる国際会計基準 ①日立など採用 150 社へ、海外展開や M&A 円滑に、主力企業から内需関連に広がる」日本経済新聞 2015 年 9 月 1 日朝刊

本節のポイント

　会計のグローバル化の発展は、なぜ生じているのか理解できましたか。
　日本における国際会計基準をめぐる動向について、理解できましたか。

5 財務諸表を読む

本節で学習する箇所

（1）ケーススタディとして、財務諸表の実例を示しています。そのなかからどのような内容の情報を読みとれるかが、「財務諸表を読む」という本書の目的です。

（2）本節に示してある財務諸表は、第 23 節「会計情報を読む―ケーススタディ―」以降の勉強と結びついてきますから、そのつもりで学習してください。

（3）このテキストをしっかり学習していけば、必ず会計情報を読み活用する力がたくわえられていくことでしょう。楽しみに期待しながら、本書とともに学習していきましょう。

1　財務諸表を読む

　このテキストは、大学で会計学をはじめて学習しようとするみなさんを対象にしています。本節では、簡単な財務諸表を示しておきます。この財務諸表を中心とした会計情報から、現在の段階で、どんな情報を得ることができるでしょうか。企業を取り巻く利害関係者のそれぞれの立場から、意思決定に役立つ有用な情報をどれくらい引き出すことができるでしょうか。試してみてください。

　現在の段階では、いろいろなわからない概念や、なじみのない項目が並んでいることでしょう。提示されている財務諸表をどこから読んだらよいのか、どの項目に注目したらよいのか、キーワードはどれなのか、皆目検討がつかないと悩むと思います。いまのところは、よくわからないただの数字の羅列にしかみえないかもしれません。

　それでいいのです。少しも心配することはありません。このテキストに従って、少しずつ学習していけば、だんだん霧がはれていきます。そのうちにそれぞれの数字が独立してみえてきます。最後には、その数字がそれぞれ生命をもち、いきいきと主張をしてきます。会計情報の数字を通じてその背後にある経営・企業の実態像が浮かびあがってくることでしょう。そうなればしめたものです。いつの間にか、会計情報を読む、活用する、あなたの力がついています。会計学の諸概念が、身近なものとなり、興味もますますわいてくると確信します。

　さあ、「財務諸表を読む」経験にチャレンジをしてみてください。なお、pp.27-30 のケーススタディで示した財務諸表の金額は、百万円を単位としていますので、端数の関係により内訳の計と合計額が一致しない場合があります。

イオン株式会社（2021 年 2 月 28 日）

【連結貸借対照表】 （単位：百万円）

資産の部		負債の部	
流動資産		流動負債	
現金及び預金	1,287,564	支払手形及び買掛金	1,072,409
コールローン	30,841	銀行業における預金	4,010,090
受取手形及び売掛金	1,602,703	短期借入金	360,481
有価証券	620,096	1 年内返済予定の長期借入金	281,435
たな卸資産	542,894	1 年内償還予定の社債	68,882
営業貸付金	415,531	コマーシャル・ペーパー	91,269
銀行業における貸出金	2,317,689	リース債務	56,238
その他	453,335	未払法人税等	53,954
貸倒引当金	△134,409	賞与引当金	35,055
流動資産合計	7,136,247	店舗閉鎖損失引当金	10,143
固定資産		ポイント引当金	25,143
有形固定資産		設備関係支払手形	44,116
建物及び構築物（純額）	1,508,861	その他	769,250
工具、器具及び備品（純額）	207,096	流動負債合計	6,878,471
土地	945,371	固定負債	
リース資産（純額）	96,979	社債	907,156
建設仮勘定	46,307	長期借入金	1,043,122
その他（純額）	258,299	リース債務	316,705
有形固定資産合計	3,062,916	繰延税金負債	40,137
無形固定資産		役員退職慰労引当金	449
のれん	121,659	店舗閉鎖損失引当金	2,622
ソフトウエア	122,593	偶発損失引当金	58
リース資産	26,345	利息返還損失引当金	5,706
その他	34,163	商品券回収損失引当金	5,738
無形固定資産合計	304,762	退職給付に係る負債	21,852
投資その他の資産		資産除去債務	104,029
投資有価証券	269,706	長期預り保証金	254,763
退職給付に係る資産	18,087	保険契約準備金	86,639
繰延税金資産	147,034	その他	58,036
差入保証金	409,843	固定負債合計	2,847,019
店舗賃借仮勘定	1,049	負債合計	9,725,491
その他	139,672		
貸倒引当金	△8,051	純資産の部	
投資その他の資産合計	977,341	株主資本	
固定資産合計	4,345,020	資本金	220,007
資産合計	11,481,268	資本剰余金	300,964
		利益剰余金	439,600
		自己株式	△36,601
		株主資本合計	923,971
		その他の包括利益累計額	
		その他有価証券評価差額金	62,813
		繰延ヘッジ損益	△3,122
		為替換算調整勘定	△8,752
		退職給付に係る調整累計額	△4,589
		その他の包括利益累計額合計	46,349
		新株予約権	1,550
		非支配株主持分	783,904
		純資産合計	1,755,776
		負債純資産合計	11,481,268

イオン株式会社（自 2020 年 3 月 1 日　至 2021 年 2 月 28 日）

【連結損益計算書】　　　　　　　　　　　（単位：百万円）

営業収益	
売上高	7,576,142
総合金融事業における営業収益	438,870
その他の営業収益	588,897
営業収益合計	8,603,910
営業原価	
売上原価	5,505,835
総合金融事業における営業原価	86,056
営業原価合計	5,591,891
売上総利益	2,070,306
営業総利益	3,012,018
販売費及び一般管理費	
広告宣伝費	170,572
貸倒引当金繰入額	70,084
従業員給料及び賞与	1,020,926
賞与引当金繰入額	35,055
法定福利及び厚生費	177,609
水道光熱費	131,323
減価償却費	272,218
修繕維持費	156,811
地代家賃	384,603
のれん償却額	14,051
その他	428,173
販売費及び一般管理費合計	2,861,432
営業利益	150,586
営業外収益	
受取利息	3,579
受取配当金	2,254
持分法による投資利益	3,977
未回収商品券受入益	4,279
テナント退店違約金受入益	3,719
貸倒引当金戻入額	467
その他	12,210
営業外収益合計	30,487
営業外費用	
支払利息	32,302
その他	9,968
営業外費用合計	42,271
経常利益	138,801

特別利益	
固定資産売却益	7,311
退職給付制度改定益	7,853
補助金収入	6,530
その他	5,541
特別利益合計	27,236
特別損失	
固定資産売却損	397
減損損失	57,821
店舗閉鎖損失引当金繰入額	5,172
固定資産除却損	3,236
新型感染症対応による損失	33,964
その他	12,226
特別損失合計	112,819
税金等調整前当期純利益	53,219
法人税、住民税及び事業税	82,144
法人税等調整額	8,847
法人税等合計	90,992
当期純利益又は当期純損失（△）	△37,772
非支配株主に帰属する当期純利益	33,252
親会社株主に帰属する当期純利益又は親会社株主に帰属する当期純損失（△）	△71,024

【連結包括利益計算書】　　　　　　　　　（単位：百万円）

当期純利益又は当期純損失（△）	△37,772
その他の包括利益	
その他有価証券評価差額金	7,797
繰延ヘッジ損益	1,706
為替換算調整勘定	△10,876
退職給付に係る調整額	6,558
持分法適用会社に対する持分相当額	276
その他の包括利益合計	5,461
包括利益	△32,311
（内訳）	
親会社株主に係る包括利益	△63,368
非支配株主に係る包括利益	31,056

イオン株式会社 （自 2020 年 3 月 1 日　至 2021 年 2 月 28 日）

【連結キャッシュ・フロー計算書】　　（単位：百万円）

営業活動によるキャッシュ・フロー	
税金等調整前当期純利益	53,219
減価償却費	296,600
のれん償却額	14,051
貸倒引当金の増減額（△は減少）	18,807
利息返還損失引当金の増減額（△は減少）	741
賞与引当金の増減額（△は減少）	3,985
退職給付に係る負債の増減額（△は減少）	△5,592
退職給付に係る資産の増減額（△は増加）	△2,084
受取利息及び受取配当金	△5,834
支払利息	32,302
為替差損益（△は益）	△4,775
持分法による投資損益（△は益）	△3,977
固定資産売却益	△7,311
固定資産売除却損	5,125
減損損失	57,821
負ののれん発生益	—
有価証券及び投資有価証券売却損益（△は益）	2
売上債権の増減額（△は増加）	20,291
たな卸資産の増減額（△は増加）	33,923
営業貸付金の増減額（△は増加）	20,625
銀行業における貸出金の増減額（△は増加）	△268,371
仕入債務の増減額（△は減少）	2,075
銀行業における預金の増減額（△は減少）	225,770
その他の資産・負債の増減額	26,232
その他	△7,202
小計	506,428
利息及び配当金の受取額	8,195
利息の支払額	△34,589
法人税等の支払額	△83,573
営業活動によるキャッシュ・フロー	396,461
投資活動によるキャッシュ・フロー	
有価証券の取得による支出	△31,960
有価証券の売却及び償還による収入	75,909
銀行業における有価証券の取得による支出	△577,521
銀行業における有価証券の売却及び償還による収入	487,478
固定資産の取得による支出	△301,255
固定資産の売却による収入	34,870
投資有価証券の取得による支出	△28,148
投資有価証券の売却による収入	1,669
連結の範囲の変更を伴う子会社株式の取得による支出	△2,475
連結の範囲の変更を伴う子会社株式の取得による収入	10,266
差入保証金の差入による支出	△17,052
差入保証金の回収による収入	19,765
預り保証金の受入による収入	16,112
預り保証金の返還による支出	△22,769
その他	△6,705
投資活動によるキャッシュ・フロー	△341,814
財務活動によるキャッシュ・フロー	
短期借入金及びコマーシャル・ペーパーの増減額（△は減少）	32,533
長期借入れによる収入	294,788
長期借入金の返済による支出	△310,227
社債の発行による収入	196,779
社債の償還による支出	△77,019
自己株式の取得による支出	△140
非支配株主からの払込みによる収入	1,538
非支配株主への払戻による支出	△5,290
リース債務の返済による支出	△54,380
配当金の支払額	△30,555
非支配株主への配当金の支払額	△20,649
連結の範囲の変更を伴わない子会社株式の売却による収入	—
連結の範囲の変更を伴わない子会社株式の取得による支出	△10,957
その他	7,871
財務活動によるキャッシュ・フロー	24,290
現金及び現金同等物に係る換算差額	△3,095
現金及び現金同等物の増減額（△は減少）	75,842
現金及び現金同等物の期首残高	1,141,171
合併に伴う現金及び現金同等物の増加額	41
現金及び現金同等物の期末残高	1,217,054

イオン株式会社（自 2020 年 3 月 1 日　至 2021 年 2 月 28 日）

[連結株主資本等計算書]

（単位：百万円）

	株主資本					その他の包括利益累計額					新株予約権	非支配株主持分	純資産合計
	資本金	資本剰余金	利益剰余金	自己株式	株主資本合計	その他有価証券評価差額金	繰延ヘッジ損益	為替換算調整勘定	退職給付に係る調整累計額	その他の包括利益累計額合計			
当期首残高	220,007	307,089	541,180	△42,455	1,025,822	55,054	△4,149	△2,064	△10,147	38,693	1,706	783,056	1,849,278
当期変動額													
剰余金の配当			△30,555		△30,555								△30,555
親会社株主に帰属する当期純利益又は親会社株主に帰属する当期純損失（△）			△71,024		△71,024								△71,024
自己株式の取得				△140	△140								△140
自己株式の処分		2,107		5,995	8,102								8,102
非支配株主との取引に係る親会社の持分変動		△8,231			△8,231								△8,231
株主資本以外の項目の当期変動額（純額）						7,758	1,027	△6,687	5,557	7,656	△155	847	8,348
当期変動額合計	―	△6,124	△101,580	5,854	△101,850	7,758	1,027	△6,687	5,557	7,656	△155	847	△93,501
当期末残高	220,007	300,964	439,600	△36,601	923,971	62,813	△3,122	△8,752	△4,589	46,349	1,550	783,904	1,755,776

P 本節のポイント

 普段から、実際の財務諸表に関心をもち、なじむことが大切です。

 ケーススタディとして示した財務諸表の実例を読めるようになることを目標として、学習していきましょう。

第4章 会計情報のディスクロージャー

6 会計情報のディスクロージャー

7 会計情報の入手方法

本章のねらい

　本章では、第3章で確認したさまざまな利害関係者、会計情報利用者に対して、どのような会計情報が提供されているかを学習したうえで、それらの会計情報の入手方法について確認します。

　具体的にはまず、会計情報のディスクロージャーとその役割、会計情報を規制する3つの法律、および会計情報をめぐるディスクロージャーの種類について確認します。

　次に、有価証券報告書、決算短信、決算公告、およびIR情報について、インターネットを用いたそれらの入手方法を確認します。

6 会計情報のディスクロージャー

本節で学習する箇所

（1）会計情報のディスクロージャーと役割について、学習しましょう。

（2）会計情報を規制する３つの法律について、理解しましょう。

（3）会計情報をめぐるディスクロージャーの種類について、学習しましょう。

1 会計情報のディスクロージャーと役割

　企業は、さまざまな方法によって会計情報のディスクロージャー（開示）を行っています。そのなかには、法律で義務づけられて開示されるものもあれば、企業が自発的に開示しているものもあります。開示された会計情報は、その情報利用者によってさまざまな目的で利用されます。しかし、なぜ企業が会計情報のディスクロージャーを行うか考えたことはありますか。それは、**利害調整機能**と**情報提供機能**という２つの役割が会計情報に期待されているからです。

利害調整機能　利害調整機能とは、企業を取り巻く利害関係者（ステークホルダー）の間で生じる利害の対立を調整する役割のことです。たとえば、経営者は報酬、株主は配当、債権者は債務の返済が、それぞれにとっての利害の１つと考えることができます。しかし、経営者の報酬を多くしようとすると、株主への**配当**は少なくなってしまいます。また、株主への配当を多くしようとすると、債権者への債務の返済ができなくなってしまうかもしれません。

　しかし、会計情報を開示することによって、経営者はむやみに報酬を増やしたりせず、しっかりと経営を行って配当をしているということを株主に説明することができます。また、経営者は、しっかりと会社の資金を確保した上で株主への配当を行っているので、ちゃんと借金を返済できますと債権者に説明することができます。このように会計情報には、経営者・株主・債権者間などの利害対立を調整する役割が期待されています。

情報提供機能　情報提供機能とは、企業を取り巻く利害関係者による経済的な意思決定に有用な情報を提供する役割のことです。通常、企業の外部の人は、企業内部の情報をもっていませんので、どのような会社に投資したらよいか、お金を貸したらよいかなどを正しく判断することができません。

　しかし、企業が会計情報を開示することによって、投資家はいろいろな会社と比較しながら、どこの株式を購入するか判断することができます。また、債権者もちゃんとお金を返してくれそうな企業かどうか事前に審査できるようになるのです。このように会計情報には、投資やお金の貸し借りの判断において役立つ情報を提供することが期待されています。

復習ポイント①

会計の情報利用者については、第３節（pp.22-23）で学習しました。

ステップアップ①

配当とは、企業が株主に利益を分配することをいい、基本的に株主がもっている株式の数に比例して分配されます。ただし、配当は必ず行われるものではありません。**赤字**のとき、または**黒字**のときであっても、企業によっては、配当が行われないこともあります。
利益が出ていることを黒字、損失が出ていることを赤字といいます。

2 会計情報を規制する３つの法律

会計情報のディスクロージャー制度は、それぞれの国における法規制などによって定められています。日本では、**金融商品取引法、会社法、法人税法**がその主たる法規制に当たります。これらの法規制は、それぞれの目的にもとづいて、会計情報について規制しています。

なお, ここでは特に会計情報にかかわる部分を中心に各法規制の概要を説明します。

金融商品取引法による規制

金融商品取引法は、**投資家の保護**を目的とした法律です。株式などの資本市場において、どのような情報が開示されるべきか、どのような金融機関や証券取引所が株式などの売買を仲介するのか、どのような取引が不公正な取引となり、それに対してどのようなペナルティーがあるのかなど、投資家が安心して取引をするためのルールが定められています。

株式会社がどのような情報を開示しなければならないかは、①株式会社と投資家が新たな株式を取引する市場（発行市場）と②投資家間ですでに発行

図表6_1　金融商品取引法における情報開示の全体像

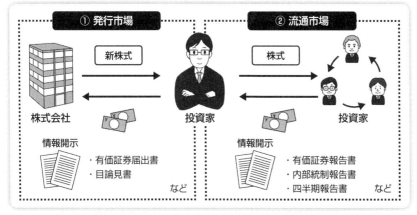

された株式を取引する市場（流通市場）とで異なります。その全体像が、図表6_1です。

①発行市場において株式会社は、有価証券届出書および目論見書の提出が求められます。有価証券届出書には、株式情報や企業情報などが記載され、企業情報のうち「経理の状況」のなかに財務諸表などの会計情報が含まれています。目論見書にも、有価証券届出書とほぼ同様の内容が記載されています。

②流通市場において株式会社は、**有価証券報告書**、内部統制報告書、四半期報告書などの提出が求められます。このうち、有価証券報告書には、各事業年度の企業情報などが記載され、「経理の状況」のなかに財務諸表などの会計情報が含まれています。また、四半期報告書には、3か月ごとの会計情報が記載されています。

ステップアップ②

日本の会計制度は、この３法を基本としていることから、**トライアングル体制**とよばれています。

ステップアップ③

たとえば、不公正な取引には、**インサイダー取引**（内部者取引）や**風説の流布**が当てはまります。

インサイダー取引（内部者取引）とは、会社の関係者が、未公表の内部情報を利用して、その会社の株式を売買することをいいます。

風説の流布とは、株式の価格を変動させる目的で、虚偽の情報を流すことをいいます。

ステップアップ④

基本的に株式の取引は、企業と投資家、または投資家同士で直接行われるのではなく、証券会社の仲介により行われます。

予習ポイント①

有価証券報告書の記載内容については、第7節（pp.38-39）で学習します。

ステップアップ⑤

内部統制報告書は、企業が適正に業務を行うための体制が有効に機能しているかどうかを、経営者みずからが評価して、その結果を報告する書類です。

予習ポイント②

「四半期」については、第8節（p.42）で学習します。

ステップアップ⑥

会社法では株主の権利や義務についても規定しており、株主の保護も会社法の目的としています。

予習ポイント③

配当の制限に関する計算方法については、第22節（p.145）で学習します。

予習ポイント④

貸借対照表、損益計算書、株主資本等変動計算書などの財務諸表については、第8節（pp.42-47）で学習します。

予習ポイント⑤

決算公告については、本節3（p.36）で学習します。また、その入手方法については、第7節（p.39）で学習します。

会社法による規制

　会社法は、**債権者の保護**をおもな目的とした法律です。その名前のとおり、会社法では、会社の形態などについての規定があります。たとえば、会社といっても、株式会社などさまざまな形態があり、どのような条件を満たした会社が株式会社となるのか、といったようなことが規定されています。会社法ではさらに、債権者を守るための規定が含まれています。たとえば、株主に対して無制限に配当が行われないよう、その計算方法が規定されています。そのなかに、会社がどのような会計情報を開示しなければならないかを規定するルールがあります。

　会社法で開示される会計情報は、**計算書類**とよばれています。計算書類は、貸借対照表、損益計算書、株主資本等変動計算書および個別注記表をいい、この計算書類に事業報告および付属明細書も含めて計算書類等といいます。これらの会計情報は、その企業の株主など個人に送付されて直接開示される場合と、**決算公告**という方法によりひろく一般に公開されて間接的に開示される場合があります。

　金融商品取引法と会社法について、それぞれの目的と開示される会計情報をまとめると、図表6_2のようになります。

図表6_2 金融商品取引法と会社法の目的と会計情報

	金融商品取引法	会社法
主な目的	投資家保護	債権者保護
会計情報	財務諸表 　○貸借対照表 　○損益計算書 　○キャッシュ・フロー計算書 　○株主資本等変動計算書 　○附属明細表	計算書類 　○貸借対照表 　○損益計算書 　○株主資本等変動計算書 　○個別注記表

法人税法による規制

　法人税法は、**課税の公平性**を目的とした法律です。課税の公平性とは、たとえば企業の税金である法人税を例に考えると、利益の金額に応じて法人税を負担させ（つまり、利益が多いほど法人税も多くなります）、利益が同じ会社には法人税も同じだけ負担させるということです。この例では、わかりやすく利益としましたが、法人税法ではこの税額を決めるための金額を**課税所得**とよんでいます。課税所得は、会社法の計算書類で確定した会計情報をもとに算定します。この課税所得に税率を乗じた金額が、企業が納めるべき法人税額ということです。

　具体的に課税所得は、**益金**から**損金**を差し引くことにより計算されます。この益金と損金は、損益計算書の収益と費用の金額から算定されますが、両者の金額がまったく同じというわけではありません。課税の公平性という目的に立ったときに、収益には入っていないけれども益金には含める金額や、費用には入っているけれども損金には含めない金額などがあります。収益と費用の金額にこのような調整を加えることで、益金と損金（それらを差し引い

予習ポイント⑥

益金や損金の調整とそれにともなう会計処理（税効果会計）は、第18節（pp.114-116）で学習します。

た結果としての課税所得）が算定されます（図表6_3）。

図表6_3　収益・費用と益金・損金の関係

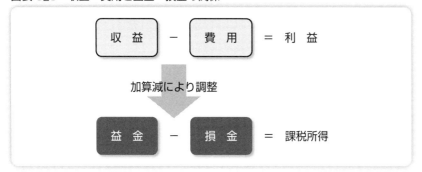

なお、ここまで学習した法規制とは別に、より具体的な会計処理を規定するものとして、**企業会計基準**があります。また、会計にかかわる基本的な用語の定義などを理論的に整理した**概念フレームワーク**というものもあります。日本においてこれらは、**企業会計基準委員会（ASBJ）**より公表されています。

ステップアップ⑦

「一般に認められた会計原則」（GAAP：Generally Accepted Accounting Principle）ともよばれます。

3　会計情報をめぐるディスクロージャーの種類

本節の最初で確認したとおり、企業は、さまざまな方法によって会計情報のディスクロージャーを行っています。ここまでは法律で義務づけられた開示（**法定開示**）を中心に学習してきましたが、**上場**した会社が証券取引所によって求められる開示（**適時開示**）や、企業が自発的に情報を開示する（**自主開示**）など、ディスクロージャーといっても、いくつかの種類に分けることができます。

この会計情報をめぐるディスクロージャーの種類をまとめると、図表6_4のとおりとなります。有価証券報告書については、第7節でくわしく学習しますので、ここでは、決算公告、決算短信および自主開示としての企業のディスクロージャーについて確認しておきましょう。なお、それぞれの情報の入手方法についても、第7節で学習します。

ステップアップ⑧

第4節（p.24）で学習したIASBに相当する機関です。

ステップアップ⑨

上場とは、会社が発行した株式が証券取引所で売買できるようになることをいいます。たとえば東京証券取引所では、プライム市場、スタンダード市場、グロース市場という3つの市場があります。

図表6_4　会計情報をめぐるディスクロージャーの種類

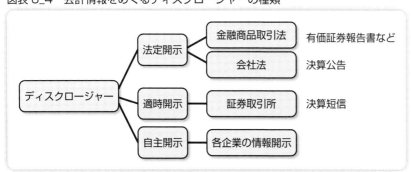

| 決算公告 |

決算公告とは、会社法によって義務づけられたディスクロージャーです。会社が決算で確定した会計情報が、公に開示されます。

会社法上の大会社の場合には貸借対照表と損益計算書、その他の会社の場合には貸借対照表の公告が求められています。

| 決算短信 |

決算短信は、証券取引所に上場している企業が公表する会計情報を中心とした決算情報で、証券取引所の自主規制にもとづくディスクロージャーです。有価証券報告書は決算の3か月ほどあとに公表されますが、決算短信は決算の1〜2か月後に公表されますので、決算の速報のような役割をはたしています。

決算短信においては、経営成績（売上高や利益）・財政状態（資産や純資産）・キャッシュ・フローなどの業績の概況および配当の状況などの記載が求められています。決算で確定した当期の会計情報のみならず、ほとんどの場合に**次期の業績予想**なども記載されている点に特徴があります。

| 企業の情報
（自主開示） |

各企業は、会計に関連するさまざまな情報について、自主的にディスクロージャーを行っています。本節で確認した有価証券報告書、決算公告、決算短信以外に、企業は次のような報告書を自主的に開示しています。

- **CSR報告書**…企業が社会に対して負っている責任（Corporate Social Responsibility：CSR）に対する取り組みについての報告書
- **環境報告書**…企業の環境に対する取り組みについての報告書
- **知的財産報告書**…企業の知的財産についての報告書
- **サステナビリティレポート**…持続可能な社会の実現に向けた企業の取り組みについての報告書
- **統合報告書**…財務情報（会計情報）と非財務情報（CSR、環境、知的財産やコーポレート・ガバナンスなどの情報）があわせて開示され、さらに、それらを結びつけてどのように企業における価値を創造するかということが示された報告書。

経営と会計情報とを結びつけて考えるときに、これらの報告書を活用することも、とても重要です。

本節のポイント

- 会計情報の役割と法規制について、理解できましたか。
- 会計情報のディスクロージャーの種類について、理解できましたか。

ステップアップ⑩

会社法上の大会社は、以下のいずれかに当てはまる株式会社をいいます。
・資本金が5億円以上
・負債の合計額が200億円以上

ステップアップ⑪

最近では、**TCFD**の提言に沿った情報開示が注目を浴びています。
TCFDとは、「気候関連財務情報開示タスクフォース（Task Force on Climate-related Financial Disclosures)」のことです。TCFDからは、気候変動関連のリスクと機会についての開示が示されています。

7 会計情報の入手方法

本節で学習する箇所

会計情報は、有価証券報告書、決算短信や決算公告などで開示されていました。

本節では、これらの会計情報について、とくにインターネットを用いた入手方法について学習します。

1 企業の Web サイトから入手

会計情報は、それぞれの企業の Web サイトから入手することができます。　ステップアップ①

会計情報が開示されているページは、企業によって異なりますが、多くの場合「投資家」・「IR」・「企業情報」などのページで開示されています。　ステップアップ②

企業の Web サイトでは、以下のような資料を入手することができます（たとえば、図表 7_1）。

・有価証券報告書
・四半期報告書
・決算説明会資料
・決算短信
・決算公告

図表 7_1 イオン Web サイト

https://www.aeon.info/ir/library/
（閲覧日 2019 年 10 月 17 日）

多くの企業の Web サイトでは、これらの資料を PDF ファイルとしてダウンロードすることができ、さらに過去の情報も公開しています。このほかにも、決算説明会を動画として公開していたり、企業独自の報告書を自主的に開示しています。　ステップアップ③

2 有価証券報告書の入手方法

有価証券報告書は、企業の Web サイト以外に、EDINET（Electronic Disclosure for Investors' NETwork：金融商品取引法に基づく有価証券報告書等の開示書類に関する電子開示システム）というサイトからも入手することができます（図表 7_2）。

EDINET では、ほとんどの上場企業の有価証券報告書が開示されているので、さまざまな企業の有価証券報告書を入手したい場合に便利です。　ステップアップ④

ただし、株式を上場していない企業（非上場企業）は、EDINET から有価

ステップアップ①

海外の企業の会計情報を入手したい、という人は、各企業の Web サイトで英文のアニュアルレポートを入手するとよいでしょう。

ステップアップ②

IR は、インベスター・リレーションズ（Investor Relations）の略称で、投資家向け広報のことをいいます。

ステップアップ③

第 6 節（p.36）で学習した、企業が自主的に開示している CSR 報告書、環境報告書、知的財産報告書および統合報告書なども、企業の Web サイトから入手することができます。このような報告書もあわせて確認してみましょう。

ステップアップ④

米国で提出される会計情報を入手したい、という人もいるでしょう。その場合は、EDGAR【https://www.sec.gov/edgar/searchedgar/companysearch.html】のページから入手することができます。なお、米国における Form 10-K は、日本の有価証券報告書に相当するもの、Form 20-F は米国で外国企業（たとえば日本企業）が提出する有価証券報告書に相当するものと理解すればよいでしょう。

さらに、直近 30 日間の『官報』にかぎり、国立印刷局の Web サイト【https：//
kanpou.npb.go.jp/】（図表 7_5）から閲覧できるので、そこに掲載された決算
公告を入手することができます。

図表 7_5　国立印刷局 Web サイト

変わる有価証券報告書

有価証券報告書の開示内容が変わる

19年3月期から
- 役員報酬について業績連動分の算定方法などを開示
- 持ち合い株式などの政策保有株について個別開示する銘柄を30から60に拡大
- 決算が正しいかどうかをチェックする監査法人の選任理由

20年3月期から
- 事業上のリスクが顕在化する可能性や時期、対応策をわかりやすく記載
- 競争優位性、製品・サービスなどについて経営者の認識を説明

　企業が開示している有価証券報告書には、会計情報のみならず、企業についてのさまざまな情報が記載されています。しかし、文字や数字の情報が多いため、有価証券報告書をはじめてみる人にとっては、むずかしい部分があるかもしれません。そのため、より読みやすく役に立つ報告書となるように、有価証券報告書の記載内容は、少しずつ変化しています。2019年2月21日付の日本経済新聞では、そのような有価証券報告書の変化について書かれています。

有価証券報告書 開示情報を充実
　2019年3月期から20年3月期にかけて、上場企業の財務状況などを記載した有価証券報告書（有報）の開示内容が大きく変わる。これまで有報は形式的な数字の記載が中心で、会社の戦略や経営者の方針がわかりにくく、投資家目線で内容が不十分との声が出ていた。投資家にとって重要な情報が集約される有報がどう変わるのか整理した。（後略）

　また、同記事では、日本企業の有価証券報告書と海外企業の報告書との比較が行われています。海外の報告書は、図・グラフや色を使いながら視覚的にわかりやすい報告書となっています。日本企業の有価証券報告書だけでなく、ぜひ海外企業の報告書も調べて、両者を比較してみるとよいでしょう。

出所：「有価証券報告書 開示情報を充実」日本経済新聞 2019 年 2 月 21 日朝刊

本節のポイント

- 企業の Web サイトから、会計情報を入手できますか。
- EDINET から、有価証券報告書を入手できますか。
- 日本取引所グループの適時開示情報閲覧サービスから、決算短信を入手できますか。
- 国立印刷局の Web サイトから、決算公告を入手できますか。

第 **5** 章 財務諸表の体系

8 財務諸表の体系

本章のねらい

　本章では、財務諸表の基本的な体系を学習し、その全体像をつかみます。

　具体的には、財務諸表4表（貸借対照表、損益計算書、キャッシュ・フロー計算書、株主資本等変動計算書）とは何かを確認し、それら4表の相互関係について学習します。

　第6章以降では、財務諸表4表について、貸借対照表、損益計算書、キャッシュ・フロー計算書、株主資本等変動計算書の順番で学習していきます。

　本章で、第6章以降に学習する財務諸表の位置づけと相互関係をつかんでおきましょう。

　また、第6章以降の学習の過程で、必要に応じて本章に戻り、各財務諸表の相互関係を確認するようにしましょう。

8 財務諸表の体系

本節で学習する箇所

- 貸借対照表
- 損益計算書
- キャッシュ・フロー計算書
- 株主資本等変動計算書

(1) 簡潔に、貸借対照表とは、損益計算書とは、キャッシュ・フロー計算書とは、株主資本等変動計算書とは何かを学習します。

(2) 貸借対照表、損益計算書、キャッシュ・フロー計算書、株主資本等変動計算書の相互関係について理解しましょう。

(3) 連結というグループでの財務諸表の重要性について学習します。

ステップアップ①

1年の会計期間を、2つ（6か月ごと）に分けた前半を**上半期**（上期）、後半を**下半期**（下期）とよびます。
さらに、1年の会計期間を、4つ（3か月ごと）に分けた場合には、第1四半期、第2四半期、第3四半期、第4四半期とよびます。

ステップアップ②

期首と期末は、各会社で設定することができます。日本では、4月を期首、3月を期末とする会計期間が一般的ですが、「1月を期首、12月を期末」や「10月を期首、9月を期末」とする会社も多くあります。
なお、第5節（pp.27-30）に掲載しているイオン株式会社は、「3月を期首、2月を期末」としています。
❶ Financial Statements

ステップアップ③

期末をむかえると、会社は1年間の決算を行い、財務諸表を作成します。また、3か月ごとに決算（四半期決算）を行う場合には、四半期財務諸表を作成します。

1 会計期間と財務諸表

　企業の経営活動は、事業の継続性を前提としています。そのため、半永久的に継続して続く企業活動の良否をどのように判断するかは容易ではありません。

　そこで、会計はその継続して行われる活動を、基本的には1年ごとに区切っています。人為的に区切った期間のことを一般的に、会計期間とよんでいます。1会計期間の最初の日を**期首**、最後の日を**期末**といいます。会計期間のうち、現在の会計期間を当期とよびます。当期より前の会計期間を前期、当期の次の会計期間を翌期（次期）とよびます。

図表 8_1　会計期間

　そのように区切られた会計期間ごとに、企業はさまざまな会計情報を提供しています。こうした会計情報の中心は、**財務諸表**とよばれています。財務諸表は、貸借対照表、損益計算書、キャッシュ・フロー計算書、株主資本等変動計算書の4表を基本としています。

　第2節（p.19）の図表2_4において示しておきましたが、ここであらためて、これら「財務諸表の体系」を図表8_2で確認しておきましょう。

図表 8_2　財務諸表の体系

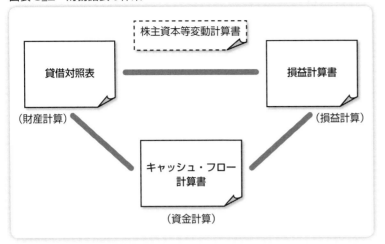

ステップアップ④

国際会計基準においても、日本と同様に、4つの財務諸表があります。
なお、日本において貸借対照表と損益計算書は、古くからある財務諸表ですが、キャッシュ・フロー計算書は2000年、株主資本等変動計算書は2006年より作成されることとなった財務諸表です。

　貸借対照表は、一定時点での資産・負債・純資産による**財産計算**を行います。損益計算書は、一定期間における収益・費用およびそれらの差額概念としての利益による**損益計算**を行います。またキャッシュ・フロー計算書は、一定期間における現金収入・現金支出による**資金計算**を行います。さらに株主資本等変動計算書は、一定期間における純資産の変動を計算し、貸借対照表と損益計算書をつなぐ役割をはたしています。

　これらの財務諸表は、それぞれの計算領域で独自の役割をはたしていると同時に、財務諸表の体系全体として、企業や企業グループの経営の実態を映し出す役割をはたしているのです。

　財務諸表を中心とした会計情報が事業の共通言語とよばれるゆえんが、ここにあります。

2　財務諸表4表の意味

貸借対照表とは何か

ステップアップ⑤
　貸借対照表とは、ある企業のある**一定時点**の**財政状態**をあらわしています。具体的には、貸借対照表は、資産、負債、純資産という3つの要素で構成されています（図表8_3）。

　資産とは、過去の取引または事象の結果として、企業が支配している経済的資源をいいます。たとえば、企業が保有している現金、土地や建物などがあります。また、取引先に商品を売り上げたものの、期末時点においてその代金が未回収であった場合などには、取引先から代金を回収する権利があります。

　次に、**負債**とは、過去の取引または事象の結果として、企業が支配している経済的資源を放棄もしくは引き渡す義務などをいいます。たとえば、銀行からの借金があります。また、取引先から商品を仕入れたものの、期末時点においてその代金が未払いであった場合などには、取引先への支払義務があ

❷ Balance Sheet（B/S）

ステップアップ⑤

国際会計基準では、貸借対照表は**財政状態計算書**（Statement of Financial Position）という名称です。

ります。

　そして、**純資産**とは、資産と負債の差額をいいます。

図表 8_3　貸借対照表の要素

❸・Profit & Loss State-
　ment（P/L）
・Statement of Income
　（I/S）
・Statement of Opera-
　tion
・Statement of Earn-
　ings

| 損益計算書
とは何か |

　損益計算書は、ある企業のある**一定期間**の**経営成績**をあらわしています。具体的に損益計算書は、収益と費用という2つの要素から構成されています。また、収益、費用の差額によって、利益または損失が示されます。

　収益とは、増資その他の純資産取引以外による純資産の増加要因のことをいいます。たとえば、商品の売上やサービスの提供などが該当します。

　費用とは、減資その他の純資産取引以外による純資産の減少要因のことをいいます。たとえば、給料の支払いや利息の支払いなどが該当します。

　利益あるいは**損失**は、「**収益－費用**」で求められます。「収益－費用」がプラスの場合は利益、「収益－費用」がマイナスの場合は損失となります（図表 8_4）。

図表 8_4　損益計算書の要素

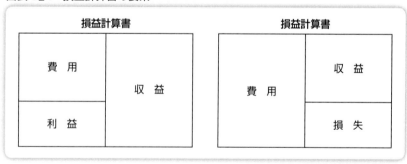

❹ Cash-Flow Statement
　（C/F）

| キャッシュ・フロー
計算書とは何か |

　キャッシュ・フロー計算書は、ある企業のある一定期間におけるキャッシュ・フローの状況を一定の活動区分別に表示するものです（図表 8_5）。具体的には、資金（キャッシュ）の収支を3つの活動区分別に分けて表示する計算書です。

　資金（キャッシュ）の収入とは、現金及び現金同等物の収入をいい、資金（キャッシュ）の支出とは、現金及び現金同等物の支出をいいます。収支差額については、「収入－支出」で計算されますが、プラスの場合ばかりでなく、

予習ポイント①

現金同等物とはなにか、については、第 19 節（pp.122-123）で学習します。

マイナスで表示されることもあります。

　これまでに説明した貸借対照表と損益計算書は、たしかに企業活動を映し出す財務諸表として、重要かつ基本的な財務諸表となっています。しかし、その2つの財務諸表からは、資金（キャッシュ）の流れを正確に読みとることができません。そこで、資金（キャッシュ）の流れを示したキャッシュ・フロー計算書の重要性がますます高まってきています。

図表8_5　キャッシュ・フロー計算書の要素

株主資本等変動計算書とは何か

　株主資本等変動計算書^{ステップアップ⑥} ❺は、ある企業のある一定期間の貸借対照表における純資産の部の変動状況をあらわしています（図表8_6）。

　貸借対照表の純資産の部は、株主資本、評価・換算差額等および新株予約権に区分され、それぞれの区分に属する各項目の期末残高が表示されます。純資産の部の各項目は、当期純利益（損失）の計上、剰余金の配当、増資や減資など、さまざまな要因で増減します。

　株主資本等変動計算書は、そのような純資産の各項目の残高が、期中にどのような要因でどれだけ変動したかを明らかにするための計算書です。

図表8_6　株主資本等変動計算書の要素

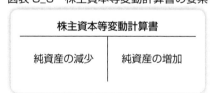

3　財務諸表4表の相互関係

　ここまで、貸借対照表、損益計算書、キャッシュ・フロー計算書、株主資本等変動計算書という財務諸表4表のそれぞれについて簡単にみてきました。

　これら財務諸表4表は個々にそれぞれの意義、内容を有していますが、相互にまったく関係のないものではなく、互いに関係しています（図表8_7）。

国際会計基準では、株主資本等変動計算書は持分変動計算書という名称です。

❺ ・Statements of Changes in Stock-holders' Equity
・Statements of Shareholders' Equity
・Statements of Changes in Equity

第8章

キャッシュ・フロー計算書

営業活動によるキャッシュ・フロー	×　×　×
税引前当期純利益	×　×　×
…………………	
投資活動によるキャッシュ・フロー	×　×　×
財務活動によるキャッシュ・フロー	×　×　×
現金及び現金同等物の増減額	×　×　×
現金及び現金同等物期首残高	×　×　×
現金及び現金同等物期末残高	×　×　×

ある一定期間の資金（キャッシュ：現金及び現金同等物）の増減
金額とその原因を明らかにする計算書

第7章

損　益　計　算　書

売上高	×××
売上原価	×××
売上総利益	×××
販売費及び一般管理費	×××
営業利益	×××
営業外収益	×××
営業外費用	×××
経常利益	×××
特別利益	×××
特別損失	×××
税引前当期純利益	×××
法人税等	×××
当期純利益	×××

ある一定期間の経営成績を明らかにする計算書

第6章

貸　借　対　照　表

ある一定時点の財政状態を明らかにする計算書

第9章

株主資本等変動計算書

	株　主　資　本						評価・換算差額等	株式引受権	新株予約権	純資産合計
	資本金	資本剰余金		利益剰余金		自己株式				
		資本準備金	その他資本剰余金	利益準備金	その他利益剰余金					
前期末残高	××	××	××	××	××	△××	××	××	××	××
当期変動額										
新株の発行	××	××								××
剰余金の配当					××					××
当期純利益					××					××
当期変動額合計	××	××			××			××		××
当期末残高	××	××	××	××	××	△××	××	××	××	××

貸借対照表における純資産の各項目の残高が、ある一定期間にどのような要因でどれだけ変動したかを明らかにする計算書

まず、貸借対照表の純資産の部の増加要因は、損益計算書の当期純利益によってもたらされます（図表8_7では、もう一歩すすんで株主資本等変動計算書の当期純利益とも対応しています）。つまり、財産計算と損益計算が相互に関係しています。

また、損益計算書の税引前当期純利益は、キャッシュ・フロー計算書の税引前当期純利益と対応しています。この場合には、間接法にもとづいて作成したキャッシュ・フロー計算書になりますが、損益計算と資金計算がリンクしていることになります。

さらに、貸借対照表における資産の部のうちの現金及び現金同等物とキャッシュ・フロー計算書の現金及び現金同等物の期末残高も対応しています。すなわち、財産計算と資金計算が結びついているわけです。

株主資本等変動計算書は、貸借対照表の純資産の部とリンクし、また、その当期純利益は損益計算書の当期純利益と関係しています。したがって、株主資本等変動計算書は、貸借対照表と損益計算書、言いかえれば財産計算と損益計算をつなぐ連結環といえます。

なお、貸借対照表は第6章、損益計算書は第7章、キャッシュ・フロー計算書は第8章、そして株主資本等変動計算書は第9章で学習しますが、4つの計算書の関係性をも意識しながら学習することが大切です。

4 連結❻の重要性

連結財務諸表と個別財務諸表　現在、企業の活動は大規模になり、1つの会社単独で経済活動を行うことにとどまらず、企業グループ全体で経済活動を展開するようになっています。企業グループは、法的に個々に独立した会社の集まりです。それら個々の会社はお互いに深く結びついています。

たとえば、A社によるB社の出資が全体の半分以上を占めていたり、C社の借入れのほとんどがA社からであったり、D社の取締役のほとんどがA社からの役員であるような場合などは、そのA社（**親会社**といいます）が資金面・人事面などから、B社、C社、D社（**子会社**といいます）を実質的に支配していると考えられます。このような場合、A社、B社、C社およびD社は1つの企業グループに属していることになります。これを**連結グループ**といいます。

金融商品取引法では、企業グループ全体の財務緒表を作成し、公表することを求めています。この財務諸表は企業グループとしての**経済的実体**をあらわすもので、**連結財務諸表**❼とよばれます。この連結財務諸表は、親会社が作成し公表しています。なお、**法的実体**としての1社1社が作成する単体の財務諸表は、**個別財務諸表**とよばれることがあります（図表8_8）。

この連結財務諸表は、以前は、個別財務諸表の副次的な情報とされてきま

ステップアップ❼

逆に、貸借対照表の純資産の部の減少要因は、損益計算書の当期純損失によってもたらされます。

予習ポイント②

間接法にもとづいたキャッシュ・フロー計算書の表示方法については、第20節（pp. 129-130）で学習します。

❻ Consolidation
❼ Consolidated Financial Statements

ステップアップ❽

財務諸表4表には、より具体的な情報などが示された**注記**がつけられています。注記として開示される情報に、**セグメント情報**があります。
セグメント情報は、**マネジメント・アプローチ**によって開示されます。マネジメント・アプローチでは、経営者の意思決定や業績評価に使われている情報にもとづき、情報が開示されます。

ステップアップ❾

各財務諸表が連結のものである場合、たとえば貸借対照表は**連結貸借対照表**（Consolidated Balance Sheet）とよばれます。一方、個別の場合には単に、貸借対照表とよばれます。
なお、連結財務諸表が四半期のものである場合、**四半期**連結財務諸表とよばれます。また、たとえば連結貸借対照表が四半期のものである場合、**四半期**連結貸借対照表とよばれます。

図表 8_8　個別財務諸表と連結財務諸表

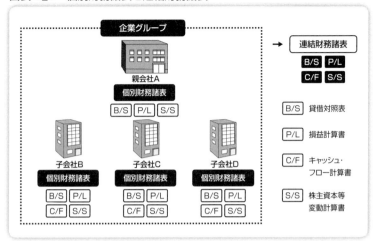

した。つまり、個別の情報が主、連結の情報が従という関係にありました。しかし現在は逆となり、連結財務諸表が主、個別財務諸表が従という関係にあります。

ステップアップ⑩

国際会計基準は連結が基本であり、個別の情報については各国に任されています。また、米国基準は連結が基本となっています。

連結となる会社の範囲　連結財務諸表を作成するのは親会社であり、連結の範囲に含まれる会社は、子会社と関連会社です（図表 8_9）。

ステップアップ⑪　かんれんがいしゃ

（1）子会社

子会社とされる基準には、**持株比率基準**と**支配力基準**という、2つの基準があります。

親会社、子会社、および関連会社をあわせて、**関係会社**とよびます。

たとえば、A 社が E 社の議決権のある株式を 50％超（51％以上）所有していたとします。この場合、A 社は E 社の親会社、E 社は A 社の子会社ということになります。これが、持株比率基準です。

それでは、A 社が E 社の議決権のある株式を 50％超（51％以上）所有していない場合、どうなるでしょうか。このような場合であっても、A 社が E 社を実質的に支配している場合もあるでしょう。たとえば、E 社の取締役のほとんどが A 社からの者で、経営方針などを A 社が実質的に決定することができるような場合です。このような場合にも、E 社は A 社の子会社ということになります。これが、支配力基準です。

（2）関連会社

関連会社とされる基準にも、2つの基準があります。**持株比率基準**と**影響力基準**です。

たとえば、A 社が F 社の議決権のある株式を 20％以上所有していたとします。この場合、A 社は F 社の親会社、F 社は A 社の関連会社ということになります。これが、持株比率基準です。

それでは、A 社が F 社の議決権のある株式を 20％以上は所有していない場合、どうなるでしょうか。このような場合であっても、A 社が F 社に重要な影響を与えることができることもあります。この場合、F 社は A 社の関連会

社ということになります。これが、影響力基準です。子会社の場合の支配力
基準と似ていますが、支配ではなく影響ですので、支配よりももう少し弱い
というイメージをもってください。

図表 8_9　連結の範囲

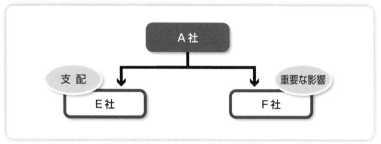

トピック①

連結財務諸表に適用されている会計基準

　第 4 節トピック②「日本における国際会計基準をめぐる動向」（p.25）において、日本には 4 つの会計基準（日本基準・米国基準・国際会計基準・修正国際基準）があることを確認しました。

　このうち、日本基準以外は、連結財務諸表のみに適用されます。つまり、個別財務諸表についてはすべて、日本基準が適用されます。

　たとえば、国際会計基準を適用している会社、といった場合、それは、個別財務諸表に日本基準が適用され、連結財務諸表に国際会計基準が適用されている会社であることを意味しています。

　それでは、連結財務諸表にどの会計基準が適用されているかは、どのように確認すればよいのでしょうか。それは、第 7 節図表 7_3（p.38）で学習した有価証券報告書の目次のなかの、「第 5【経理の状況】」の「1 連結財務諸表及び財務諸表の作成方法について」の箇所をみると、確認することができます。

　また、日本の会計情報の読み方を勉強したあとに、英文の会計情報の読み方も勉強したい、という人もいるでしょう。

　たとえば、国際会計基準を適用している日本企業が米国の FORM 20-F（第 7 節ステップアップ④（p.37））も作成している場合、その FORM 20-F に記載されている連結財務諸表は、有価証券報告書に含まれているものの英語版ですので、それを見比べながら、勉強をすることができるでしょう。

　なお、米国では、日本企業などの外国企業が国際会計基準による財務諸表を提出することを認めています。

$\mathcal{P}$ 本節のポイント

✎ 貸借対照表、損益計算書、キャッシュ・フロー計算書および株主資本等変
動計算書の相互関係について、理解できましたか。

✎ 連結財務諸表とその重要性について、理解できましたか。

第1～5章　章末問題

1 会社法上の計算書類に該当しないものは、次のうちどれですか。

(1) 株主資本等変動計算書

(2) 損益計算書

(3) 個別注記表

(4) キャッシュ・フロー計算書

(5) 貸借対照表

〔2017年6月（第137回）銀行業務検定試験　財務3級〕

2 財務会計等の基礎に関する次の記述のうち、妥当なのはどれですか。

(1) 自己の利益を守り、適切な経済的意思決定を行うために、企業の動向に強い関心を有し、企業に関する情報を必要としている者を利害関係者という。利害関係者には、出資者、債権者、仕入先・顧客等の取引先等が含まれるが、従業員や政府機関は含まれない。

(2) 財務会計は、製造原価の削減や売価等の販売条件の決定などの経営上の意思決定・計画の設定のほか、各管理者の業績評価・統制等のために、企業の経済活動を測定・伝達する会計である。したがって、財務会計は内部報告会計とも呼ばれる。

(3) 特に企業資本の提供者である投資家を対象にして企業が行う財務広報活動は、IR（Investor Relations）と呼ばれている。

(4) 税務会計は、課税所得の計算と財務諸表の作成・報告を目的とした会計であるから、損益計算書において収益の金額から費用・損失の金額を控除した当期純利益と、益金の額から損金の額を控除した課税所得は、常に一致する。

(5) 会計基準の国際的な統一が課題となっており、金融庁は、金融商品取引法のディスクロージャーに関して、所定の条件を満たした日本企業に対して、国際基準を任意に適用することを許容したが、2015年3月決算期現在、国際基準に準拠した連結財務諸表を公表している企業はない。

〔2016年度　国税専門官採用試験/財務専門官採用試験〕（一部改題）

解答　1—(4)、2—(3)

第 6 章 貸借対照表

本 章 の ね ら い

　本章では、財務諸表４表（貸借対照表、損益計算書、キャッシュ・フロー計算書、株主資本等変動計算書）のうち、１つ目の貸借対照表について学習します。

　具体的にはまず、貸借対照表の全体像を確認します。貸借対照表には、資産の部、負債の部および純資産の部という３区分があります。

　次に、資産の部、負債の部の区分とそこに含まれる項目について学習したうえで、それらの評価について学習します。最後に、純資産の部について学習します。

　本章は、財務諸表４表について具体的に学習する最初の章となるため、あとの章と比較し、各項目について、より詳細に学習していきます。

9 | 貸借対照表とは何か

本節で学習する箇所

財務諸表の種類
● 貸借対照表←本節
● 損益計算書
● キャッシュ・フロー計算書
● 株主資本等変動計算書

財務諸表には、**貸借対照表、損益計算書、キャッシュ・フロー計算書および株主資本等変動計算書**がありました。

本節では、**貸借対照表**について、その全体像を学習していきます。

1 貸借対照表とは何か

　第3章第5節「財務諸表を読む」のケーススタディで例示しておいた財務諸表の「貸借対照表」をここであらためて確認してみましょう。さあ、その貸借対照表をしっかり読みとくことができるようになってください。

　貸借対照表は、ある企業のある一定時点における資産、負債、純資産（資本）で測定した、財政状態を明らかにする計算書です。

　資産とは、過去の取引または事象の結果として、企業が支配している経済的資源をいいます。簡単にいうと、資産とは企業が保有しているもののことです。たとえば、資産には、企業が保有している現金、土地や建物などがあります。また、取引先に商品を売り上げたけれどもその代金が未回収であった場合などに発生する、取引先から代金を回収する権利などもあります。

　負債とは、過去の取引または事象の結果として、企業が支配している経済的資源を放棄もしくは引き渡す義務などをいいます。簡単にいうと、負債とは何かを引き渡さなくてはならない義務のことです。たとえば、負債には、銀行からの借入金があります。また、取引先から商品を仕入れたけれどもその代金が未払いであった場合などに発生する取引先への支払義務などもあります。

　純資産（資本）とは、資産と負債の差額をいいます。たとえば、ある企業の期末時点における資産が100百万円、負債が30百万円であるとすると、純資産は70百万円（100百万円－30百万円）となります。この純資産には、株主からの出資や、その企業が過去から現在までに獲得した利益などが含まれています。

　上述した資産は、**資産の部**という区分に表示されます。また、負債は**負債の部**、純資産は**純資産の部**という区分に表示されます。これが、貸借対照表の3区分となります。

復習ポイント①

財務諸表の体系については、第8節図表8_7（p.46）で学習しました。

❶ Asset

❷ Liability

復習ポイント②

第2節ステップアップ①（p.16）で学習したように、以前は、**資本**とよばれていましたが、現在は、**純資産**とよばれています。

❸ Net Asset

予習ポイント①

純資産（資本）については、第14節（pp.81-88）で具体的に学習します。

ステップアップ①

国際会計基準でも同様に、資産、負債、および純資産という3区分があります。

ただし、純資産は**資本**とよばれており、英語では Equity といいます。

2 貸借対照表のしくみ

　資産の部、負債の部および純資産の部という貸借対照表の３区分は、次のような関係にあります。

> 資産の総額（総資産）＝負債の総額＋純資産の総額

　たとえば、ある企業に期末時点で現金 100 千円、取引先から代金を回収する権利 50 千円、借入金 30 千円および取引先への代金の支払義務 20 千円があるとします。この場合、資産の総額が 150 千円（100 千円＋50 千円）、負債の総額が 50 千円（30 千円＋20 千円）、その差額 100 千円（150 千円－50 千円）が純資産の総額となります。これを上記の式に当てはめると、次のようになります。

> 資産の総額 150 千円
> 　　＝負債の総額 50 千円＋純資産の総額 100 千円

3 貸借対照表の様式

　貸借対照表には、**勘定式**と**報告式**という２つの様式があります。勘定式は、資産の部を左側（借方）に、負債の部と純資産の部を右側（貸方）に表示する様式です（図表 9_1）。一方、報告式は、資産の部、負債の部および純資産の部を縦に表示する様式です（図表 9_2）。

　なお、本章では貸借対照表を勘定式で説明していきます。貸借対照表は、そのしくみを理解するのに勘定式のほうがわかりやすいからです。

ステップアップ②

これは、**貸借対照表等式**といわれています。
この式は、次のようにあらわすこともできます。これは、**純資産等式**といわれています。
資産の総額－負債の総額
　＝純資産の総額

ステップアップ③

金融商品取引法では、報告式の貸借対照表が用いられています。一方、会社法では一般に、勘定式の貸借対照表が用いられています。

ステップアップ④

国際会計基準では、とくに３区分の位置は決められていません。そのため、たとえば国際会計基準を採用している欧州の企業では、負債の部と純資産（資本）の部の位置が上下逆となっているようなケースもみられます。

図表 9_1　勘定式

貸借対照表 20×2年3月31日 ○○株式会社	
資産の部　××××	負債の部　　　××
	純資産の部　××

図表 9_2　報告式

貸借対照表 20×2年3月31日 ○○株式会社	
資産の部	××××
負債の部	××
純資産の部	××

4 貸借対照表の読み方

資金の調達源泉と運用形態　ここまで、貸借対照表の３区分とその意味を確認してきました。資産の部は企業が保有しているもの、負債の部は企業が有する何かを引き渡さなくてはならない義務、純資産の部は

資産から負債を差し引いた純額の資産でした。

　貸借対照表の３区分には、これとは別の見方もあります。この見方では、負債の部と純資産の部を**資金の調達源泉**、資産の部を**資金の運用形態**というように読みます（図表9_3）。

　資金の調達源泉というのは、どのように企業が必要とする資金を集めたのかということです。具体的には、負債の部は、たとえば銀行などの債権者から借りることにより調達した資金というようにみます。一方、純資産の部は、たとえば株主から出資を受けることにより調達した資金というようにみます。

　企業は、このように調達した資金を用いてビジネスを行います。具体的には、企業はこのような資金を用いて、たとえば、商品を仕入れたり、設備を購入したり、車を購入したりします。このように購入されたものが**資金の運用形態**であり、資産の部に表示されます。

図表9_3　資金の調達源泉と運用形態

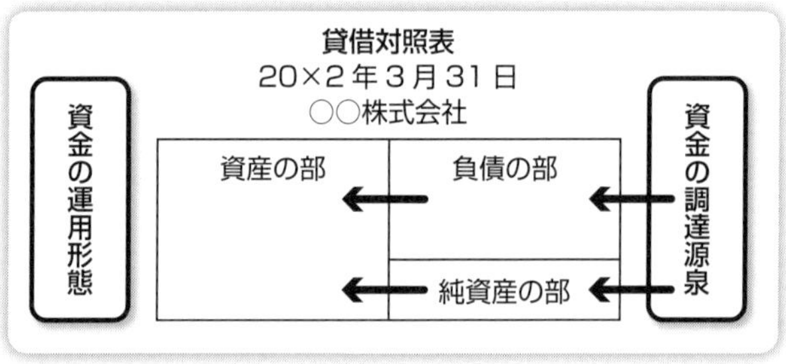

　たとえば、銀行から1,000千円を借りた場合、銀行という債権者から資金を調達したという事実が負債の部に表示されます。一方、株主から5,000千円の出資を受けた場合、株主から資金を調達したという事実が純資産の部に表示されます。そして、それらの資金で3,000千円の土地と2,000千円の建物を購入し、現金が1,000千円残っている場合、資金の運用形態として、土地3,000千円、建物2,000千円および現金1,000千円を保有しているという事実が資産の部に表示されます。これを貸借対照表であらわすと、図表9_4のようになります。

図表9_4　貸借対照表の例示

他人資本と自己資本　資金の調達源泉という視点から負債の部と純資産の部をみた場合、負債の部は**他人資本**、純資産は**自己資本**とよばれることがあります（図表9_5）。

　ここまで確認してきたように、負債の部には、たとえば債権者から借りた資金が含まれます。これはいずれ返済しなくてはならないものであることから、他人資本とよばれます。一方、純資産の部には、たとえば株主から出資を受けた資金が含まれます。これは、返済しなくてもいいものであることから、自己資本とよばれます。

図表9_5　他人資本と自己資本

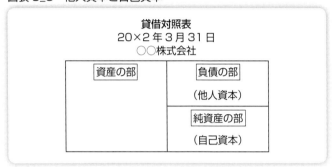

P**本節のポイント**

✍貸借対照表の3区分について、理解できましたか。

✍貸借対照表の3区分の関係について、理解できましたか。

✍貸借対照表の2種類の形式について、理解できましたか。

10 資産①—流動資産と固定資産

本節で学習する箇所

貸借対照表

| 資　産 | 負　債 |
| | 純資産 |

貸借対照表には、**資産の部、負債の部**および**純資産の部**という３区分がありました。

本節ではこれら３区分のうち、**資産の部**における２区分（流動・固定）の分類基準について学習します。そのうえで、それら２区分の中身について、具体的に学習します。

1 資産の部における２区分

流動資産と固定資産
　貸借対照表の**資産の部**は、流動資産と固定資産という２区分に分けられます（図表10_1）。

❶ Current Assets

予習ポイント①
負債の部も同様に、**流動負債**と**固定負債**という２区分に分けられます。これについては第12節（pp.70-74）で学習します。

ステップアップ①
国際会計基準でも、流動資産と固定資産の区分はありますが、固定資産は**非流動資産**とよばれます。英語で非流動資産は、Non-Current Assets といいます。

　各資産は、**流動資産**か**固定資産**かに分類されますが、この分類基準には、**正常営業循環基準**と**１年基準**という２つの基準があります。

流動・固定の分類
　各資産の流動・固定の分類は、**正常営業循環基準→１年基準**というステップで行われます（図表10_2）。

　具体的にはまず、資産が正常営業循環基準を満たすかどうかが確認されます。そして正常営業循環基準を満たす場合には、その資産は流動資産とされます。正常営業循環基準を満たさなかった資産については次に、１年基準を満たすかどうかが確認されます。そして、１年基準を満たした場合には、そ

図表 10_1　資産の部における２区分

貸借対照表	
流動資産	負　債
固定資産	
	純資産

図表 10_2　流動資産と固定資産の分類基準

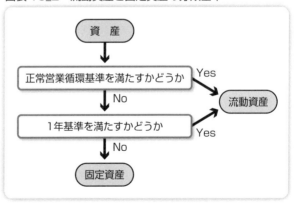

の資産は流動資産とされ、満たさなかった場合には固定資産とされます。ステップアップ②③

2 正常営業循環基準とは何か

正常営業循環基準の意味　企業の営業取引により、営業活動の一連の流れに含まれる資産には、**正常営業循環基準**が適用され、流動資産とされます。営業活動の一連の流れというのは、たとえば商業では、商品を仕入れてそれを販売し、現金による代金回収を行い、その現金でふたたび商品を仕入れるという一連の営業活動のことをいいます（図表10_3）。

正常営業循環基準により流動資産となる項目としてはたとえば、**商品、売掛金、受取手形**や**現金**があげられます。これらについて具体的に確認していきます。

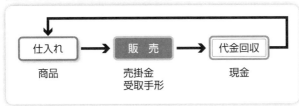

図表10_3　商業の正常営業循環

仕入れ　→　販　売　→　代金回収

商品　　　売掛金　　　現金
　　　　　受取手形

正常営業循環基準により流動資産となる項目

（1）商品

商品は、企業が販売するためにもっているものです。たとえば百貨店では洋服や靴、スーパーでは野菜、自動車のディーラーでは車、不動産業では土地や建物、証券会社では株、家電量販店ではパソコンやデジカメなどが商品となります。ここで注意しなくてはならないのは、その企業がビジネスを行ううえで使用するためにもっているものは、商品とはならないということです。たとえば、家電量販店で販売されているパソコンは商品となりますが、そこでスタッフが使用しているパソコンは商品とはなりません。

（2）売掛金

売掛金は、商品を販売するのと同時に現金を受け取るのではなく、後日現金を受け取ることを約束した場合に発生するツケのことです。ここで注意しなくてはならないのは、商品以外の物をツケで売っても売掛金とはならないということです。商品以外の物をツケで売った場合には、**未収入金**となります。^{ステップアップ④}

ステップアップ②

資産の部の2区分は、図表10_1のように「流動資産→固定資産」の順で表示されます。

これは、流動性の高い順に上から表示する表示方法であり、**流動性配列法**といいます。ほとんどの企業がこの表示方法を採用しています。

反対に、「固定資産→流動資産」の順で表示される場合もあります。これは、**固定性配列法**といいます。

ステップアップ③

貸借対照表は通常、流動性配列法で表示されていますが、たとえば、電力会社など多額の固定資産をもっている会社では、固定性配列法で表示されています。

なお、国際会計基準が採用されている欧州の会社の貸借対照表では、固定性配列法による表示がみられることがあります。

ステップアップ④

たとえば、請求書を作成・交付したときに売掛金となります。

なお、現金ではなくクレジットカード払いで商品を販売した場合には、**クレジット売掛金**として処理されますが、貸借対照表では、売掛金に含めて表示されます。

金銭債権（売掛金・受取手形など）の電子化

　資金調達の円滑化などを目的に、売掛金や受取手形などの金銭債権の電子化がすすめられており、それらは**電子記録債権**といいます。電子記録債権は、電子データとして管理されるので、売掛金を可視化することができます。また、債権を電子化することにより、手形のように紛失したり、盗難にあってしまうというリスクが低くなります。さらに、手形とは異なり、債権を分割して取引を行うことも可能です。2014 年 2 月 10 日付の日本経済新聞では、電子記録債権の利用がひろがっているという記事がみられます。

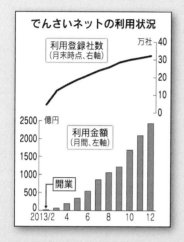

電子債権、利用 1 兆円
銀行、担保に採用広がる

　全国銀行協会が運営する電子債権取引システム「でんさいネット」の累計利用額が 1 兆円を突破した。2013 年 2 月の開業から 1 年弱で、利用登録をした企業は 30 万社以上に達した。銀行は新たな収益源とするため、電子債権を担保にした融資など利用企業向けの支援策に力を入れる。手形の印紙代が減らせることから、熊谷組など大企業も支払いに活用し始めている。

　電子債権は手形に代わる決済手段。インターネット上で債権をやり取りする。現物の手形に比べて印紙税がかからず、受け取った企業も現金化しやすい。メガバンクや地方銀行など全国の金融機関が参加する枠組みがでんさいネットだ。

　手数料収入が見込め、手形に比べて処理コストも安いため、銀行も普及に積極的。三井住友銀行は企業が営業所や支社ごとに受け取るでんさいネットの電子債権を本社でまとめて管理できる決済サービスを提供。みずほ銀行は 14 年 2 月から電子債権を担保に運転資金の融資を始めた。電子債権を受け取った中小企業の資金繰りを助けるのが狙い。三菱東京 UFJ 銀行では電子債権担保融資の実績が約 10 件に達した。（後略）

出所：「電子債権、利用 1 兆円 銀行、担保に採用広がる」日本経済新聞 2014 年 2 月 10 日朝刊

（3）受取手形

　受取手形とは、商品を販売するのと同時に現金を受け取るのではなく、手形を受け取ることにより後日現金を受け取ることを約束した場合に発生するツケのことです（図表 10_4）。手形では、だれに、いつ支払いを行うのかが指定されています。

図表 10_4　手形のサンプル

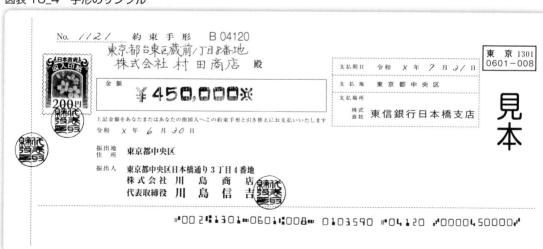

(4) 現金

　現金には、通貨つまり私たちが通常使用している紙幣や硬貨だけではなく、通貨代用証券といわれるものも含まれています。通貨代用証券にはたとえば、他人振り出しの小切手があります。

製造業の場合
　商業の場合には、上記のように仕入れ、販売および代金回収が営業活動の一連の流れとなります（図表 10_3）。一方、製造業では生産活動（モノ作り）が行われるため、営業活動の一連の流れが、商業とは異なります。製造業の場合には、たとえば、原材料を購入し、生産活動を行い製品を製造し、それを販売し、現金で代金回収を行い、その現金でふたたび原材料を購入するという一連の流れが営業活動となります（図表 10_5）。この過程で流動資産となるものとしては、**原材料**、**仕掛品**、**製品**、**売掛金**、**受取手形**や**現金**があげられます。

図表 10_5　製造業の正常営業循環

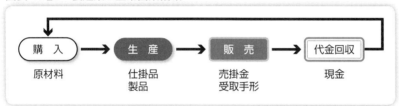

　ここで、製造業における**仕掛品**と**製品**について、確認しておきましょう。製造業では、**原材料**を購入してそれを加工することにより完成品としての**製品**を生産します。ここで注意しなくてはならないのは、自社で生産したものは**商品**ではなく**製品**とよぶということです。また、企業には期末に生産途中の未完成品が残っていることもあります。この未完成品のことを**仕掛品**とよびます（図表 10_6）。

図表 10_6　仕掛品と製品

3　1年基準とは何か

1年基準の意味
　営業取引以外の取引により生じる資産には、**1年基準（ワン・イヤー・ルール）**が適用され、1年を基準として流動資産か固定資産かに分類されます。1年基準によると、1年以内に現金化される（つまり現金となる）資産は流動資産に分類され、1年以内には現金化されない資産やもともと現金化されることが目的とされていない資産は固定資産に分類されます（図表 10_7）。

ステップアップ⑤

これらのほかにも、未使用の消耗品などの**貯蔵品**があります。

ステップアップ⑥

仕掛品と似たものとして、**半製品**があります。**半製品**は、仕掛品と同様、生産途中の未完成品です。

しかし、仕掛品が未完成品のままでは販売できないものであるのに対して、半製品は未完成品のままであっても販売できるものであるという点に、両者の違いがあります。

もともと現金化されることが目的とされていない資産には、企業がビジネスを行うために有している土地、建物や車両運搬具があり、これらは固定資産に分類されます。一方、預金、貸付金や有価証券は、1年以内に現金化されるかどうかにより、流動か固定に分類されます。これらについて具体的に確認していきます。

ステップアップ⑦

ステップアップ⑦

本節で学習する資産以外にも、**繰延税金資産**というものがあります。
この繰延税金資産は、固定資産（投資その他の資産）に表示されます。繰延税金資産については、第18節(p.115)で学習します。

図表 10_7　1年基準

1年以内に現金化される（現金になる）資産	例：預金・貸付金・有価証券	流動資産
1年以内には現金化されない資産		固定資産
もともと現金化されることが目的とされていない資産	例：土地・建物・車両運搬具	

預　　金　預金のうち、普通預金や当座預金といった、いつでも現金を引き出せる預金は、流動資産となります。また、1年以内に満期となる定期預金は、1年以内に現金を引き出せる状態となるので、流動資産となります。

一方、1年以内に満期とならない定期預金は、1年以内には現金を引き出せる状態にはならないので、固定資産となります（図表10_8）。

図表 10_8　預金の表示区分

いつでも現金を引き出せる預金	例：普通預金・当座預金	流動資産
1年以内に満期となる預金	例：1年以内満期の定期預金	
1年以内に満期とはならない預金	例：1年以内満期ではない定期預金	固定資産

貸付金　貸付金のうち、**短期貸付金**つまり1年以内に期限が到来する貸付金は、1年以内に現金が回収できるので、流動資産となります。一方、**長期貸付金**つまり1年以内には期限が到来しない貸付金は、1年以内には現金が回収できないので、固定資産となります。

ただし、長期貸付金であったとしても、いずれ回収期限が到来します。そのため、長期貸付金で1年以内に回収期限が到来するものは、1年以内に現金が回収できるので、固定資産ではなく流動資産となります（図表10_9）。

図表 10_9　貸付金の表示区分

短期貸付金	1年以内に回収期限が到来する貸付金（1年以内に現金が回収できる）	流動資産
1年以内期限到来の長期貸付金	もともとは1年以内に回収期限が到来しない貸付金であるが、回収期限が1年以内となったもの（1年以内に現金が回収できる）	
長期貸付金	1年以内に回収期限が到来しない貸付金（1年以内には現金が回収できない）	固定資産

有価証券

(1) 有価証券の種類

有価証券には、たとえば、会社が発行する**株式**や**社債**、国が発行する**国債**などがあります。企業が他社の発行した株式や社債を購入し保有している場合、それは、その企業の資産となります。

(2) 株式と社債の違い

株式と社債はともに会社が発行するものであるという点では共通していますが、株式は会社の所有権を売るために発行されるものであるのに対して、社債は資金を借りるために発行されるものであるという点で異なっています。

ここで、株式と社債のしくみについて確認しておきましょう。

たとえばA社が株式を発行してB社がそれを現金で購入したとします（これを**出資**といいます）。これにより、B社はA社の所有権の一部を有する**株主** ^{復習ポイント①} となります。A社はB社から資金を借りているわけではないので、B社から払い込まれた現金を返す必要はありません。 ^{予習ポイント②} また、**利息**を支払う必要もありません。ただし、会社の利益の一部を**配当金** ^{予習ポイント③} として支払うことはあります。

一方、たとえばA社が社債を発行してB社がそれを現金で購入したとします。これにより、B社はA社の債権者となります。A社はB社の債務者となるので、いずれB社に現金を返す必要があります。また、利息を支払う必要があります。

なお、有価証券には国債も含まれますが、国債のしくみは基本的に社債と同じです。ただし、国債の場合、その発行主体は会社ではなく国となります。

(3) 有価証券の会計上の4分類

会計上、有価証券はその保有目的により、**売買目的有価証券、満期保有目的の債券、子会社株式と関連会社株式**、および**その他有価証券**という4つに分類されます（図表10_10）。

1つ目の売買目的有価証券は、市場での有価証券の価格変動による値上がり益（**キャピタルゲイン**）を得るために、短期的に売買することを目的として保有されている有価証券です。

2つ目の満期保有目的の債券は、利息（**インカムゲイン**）を得るために、満期まで所有する意図で保有されている有価証券です。 ^{ステップアップ⑧}

3つ目の子会社株式と関連会社株式は、他企業を支配するために保有されている有価証券です。他企業を支配するために保有されている有価証券は、その影響力の程度により、**子会社株式**と**関連会社株式**という2種類に分けられます。たとえば、A社がB社の株を保有しているとします。A社がB社を支配している場合にはA社が有しているB社株式は、A社にとって子会社株式ということになります。一方、A社はB社を支配してはいないけれども、A社がB社に重要な影響をおよぼすことができる場合には、A社が有しているB社株式は、A社にとって関連会社株式 ^{復習ポイント②} となります。

復習ポイント①

株式の売買のしくみについては、第6節図表6_1 (p.33)で学習しました。
なお、図表6_1の投資家には、株主だけではなく、これから株式を購入して株主になろうかどうか検討している人も含まれます。

予習ポイント②

ただし、A社は自社の株式を買いもどすことにより、B社に払いもどしを行うこともできます。A社が買いもどしたA社株のことを**自己株式**といいます。具体的には、第14節（pp.82-83）で学習します。

予習ポイント③

配当金については、第22節（p.145）で学習します。

ステップアップ⑧

有価証券については、ペーパーレス化がなされています。たとえば、株式については、2009年1月に、紙ベースのものから電子データに切りかえる**株券電子化**が行われています。

復習ポイント②

子会社と関連会社については、第8節（pp.48-49）で学習しました。

ステップアップ⑨

持ち合い株式とは、複数の会社が、良好な関係を維持するために、お互いに保有し合っている株式のことです。
これは、**政策保有株**ともよばれます。

以上の3つの有価証券のいずれにも該当しない有価証券が、その他有価証券とされます。これにはたとえば、長期保有株式や**持ち合い株式**（^{ステップアップ⑨}）などが含まれます。

図表10_10　有価証券の会計上の4分類

	保有目的	分類
①	市場での有価証券の価格変動による値上がり益（キャピタルゲイン）を得るために、短期的に売買することを目的として保有されている有価証券	売買目的有価証券
②	利息（インカムゲイン）を得るために、満期まで所有する意図で保有される有価証券	満期保有目的の債券
③	他企業を支配するために保有される有価証券 ※影響力の程度により、2種類ある。	子会社株式 関連会社株式
④	①②③以外の有価証券　例：長期保有株式、持ち合い株式	その他有価証券

（4）有価証券の流動・固定分類と貸借対照表上の表示

　ここまで確認してきた有価証券の会計上の4分類の各名称は、貸借対照表上の表示名とは異なるため、注意する必要があります。

　有価証券のうち、売買目的有価証券と1年以内に満期が到来する満期保有目的の債券は、流動資産に分類され、両方とも**有価証券**として表示されます。一方、1年以内に満期が到来しない満期保有目的の債券とその他有価証券は固定資産に分類され、両方とも**投資有価証券**として表示されます。さらに、子会社株式と関連会社株式は固定資産に分類され、**関係会社株式**として表示されます（図表10_11）。

図表10_11　有価証券の貸借対照表上の表示区分と表示名

	分類	表示区分	表示名
①	売買目的有価証券	流動資産	有価証券
②	1年以内に満期が到来する満期保有目的の債券	流動資産	有価証券
	1年以内に満期が到来しない満期保有目的の債券	固定資産	投資有価証券
③	子会社株式 関連会社株式	固定資産	関係会社株式
④	その他有価証券	固定資産	投資有価証券

貸倒引当金

　資産の部には、売掛金などの債権に関係するものとして、**貸倒引当金**（かしだおれひきあてきん）が表示されます。貸倒引当金とは、将来的に債権（売掛金・受取手形・貸付金）が貸し倒れて回収できなかった場合のために設定されるものです。

　たとえば、ある企業が売掛金100,000円を有しており、その売掛金のうち

10,000円の貸し倒れが予想されるとします。この場合、その10,000円が貸倒引当金とされ、資産の部にマイナス項目として表示されます。

貸倒引当金は、その設定の対象となる債権の区分に応じて、流動資産の区分か固定資産の区分かに分けて表示されます。たとえば、貸倒引当金が売掛金、受取手形や短期貸付金に設定された場合、それら自体が流動資産なので、貸倒引当金も流動資産の区分にマイナス表示されます。一方、貸倒引当金が長期貸付金に設定された場合、長期貸付金自体が固定資産なので、貸倒引当金も固定資産の区分にマイナス表示されます（図表10_12）。

図表10_12　貸倒引当金の表示区分

資産	流動資産	売掛金 受取手形 △貸倒引当金		負債
	固定資産	長期貸付金 △貸倒引当金		純資産

ステップアップ⑩

貸し倒れが予想される金額は、どのように計算されるのでしょうか。
その計算に当たり、対象となる債権は、以下の3つに分類され、それぞれの分類ごとに貸倒引当金の金額の見積計算の方法が決まっています。
・一般債権…貸倒実績法
・貸倒懸念債権…財務内容評価法またはキャッシュ・フロー見積法
・破産更生債権等…財務内容評価法
後者の分類ほど、貸し倒れの可能性が高いので、貸倒引当金の金額が大きくなります。

ステップアップ⑪

貸倒引当金の表示方法には、売掛金、受取手形や貸付金といった個別の項目ごとに控除する表示方法と、いくつかの項目からまとめて一括で控除する表示方法があります。

予習ポイント④

この分類は、第24節(p.163)で学習する分析で用います。

4　流動資産の分類

流動資産はさらに、**当座資産**、**棚卸資産**および**その他の流動資産**の3つに分類されることがあります。ただし、この分類は貸借対照表の表示にはあらわれません。

当座資産には、現金預金や現金化することが容易であるもの（売掛金・受取手形・売買目的有価証券など）が含まれます。

棚卸資産には、販売することを目的として保有されているもの（商品や製品など）や、製品を生産するために使われるもの（原材料など）が含まれます。

その他の流動資産には、短期の**前払費用**や**未収収益**が含まれます。前払費用は、未だ提供されていないサービスに対してすでに支払いが行われている場合に発生します。一方、未収収益はすでに提供したサービスに対して未だ支払いを受けていない場合に発生します。

本節のポイント

資産の部の2区分（流動・固定）について、理解できましたか。

流動資産と固定資産の分類基準について、理解できましたか。

流動資産の区分に含まれる項目について、理解できましたか。

11 | 資産②─固定資産の３区分と繰延資産

本節で学習する箇所

貸借対照表

	負　債
流動資産	
	純資産
固定資産	

貸借対照表には、**資産の部、負債の部**および**純資産の部**という３区分がありました。さらに、**資産の部**には、流動資産と固定資産という２区分がありました。

本節では、まず、固定資産の３区分について学習します。さらに、流動資産と固定資産以外の、**繰延資産**という**資産の部**における第３の区分について学習します。

1 固定資産の３区分

❶ Property, Plant and Equipment（PPE）
❷ Intangible Assets
❸ Investment and Other Assets

ステップアップ①

国際会計基準では、日本基準とは異なり、有形固定資産、無形固定資産、および投資その他の資産という３区分はありません。
国際会計基準については、たとえば、固定資産（非流動資産）の区分に記載されている各項目をみながら、それらの項目が日本基準における３区分のどれに入るものなのか、自分なりに考えて分けてみると、理解しやすいでしょう。

固定資産は、**有形固定資産❶、無形固定資産❷、**および**投資その他の資産❸**という３区分に分けられます（図表11_1）。
ステップアップ①

有形固定資産は、固定資産のうち使用するためにもっている形のあるものです。一方、無形固定資産は、固定資産のうち使用するためにもっている形のないものです。

図表 11_1　固定資産の３区分

貸借対照表

	流動資産	負　債
固定資産	有形固定資産	
	無形固定資産	純資産
	投資その他の資産	

さらに、投資その他の資産は、長期的な利殖を目的としてもっている資産や他企業を支配することを目的としてもっている資産のことです。

2 有形固定資産

ステップアップ②

ただし、投資のためにもっている土地は、**投資その他の資産**となります。

有形固定資産は、固定資産のうち、使用するためにもっている形のあるものです。具体的には、たとえば、イス、パソコンや机などの**備品**、**機械装置**、トラックや乗用車などの**車両運搬具**、店舗、倉庫や工場などの**建物**や**土地**などがあります。
ステップアップ②

また、建設途中の有形固定資産をあらわす**建設仮勘定**というものもあります。たとえば、ある建物の建設に 1,000 百万円かかっているけれども、まだその建物が完成していないような場合、有形固定資産の区分に建設仮勘定 1,000 百万円と表示されます。

リース会計

　企業は、資産を自社で購入するのではなく、リース契約を結び借りることがあります。

　リース契約とは、資産を購入したリース会社（貸し手）が、ある会社（借り手）に対して、一定期間にわたり、その資産を使用する権利を与え、借り手である会社はリース料という使用料をリース会社に支払う契約です。

　リース取引は、以下のように**ファイナンス・リース取引**と**オペレーティング・リース取引**に分けられます。どちらの取引に分類されるかによって、リースした資産が借り手である会社の貸借対照表上に表示されるかどうかが、変わってきます。なお、この処理は変更されることが予定されています。

リース取引の分類		借り手である会社の貸借対照表
ファイナンス・リース取引	たとえば、リース期間中に途中解約できない、借り手がリースした資産に伴う管理費などのコストをすべて負担するなどといったリース取引	リースした資産を貸借対照表上で**資産として表示する。** ＊有形固定資産または無形固定資産の区分に、**リース資産**として表示する。
オペレーティング・リース取引	ファイナンス・リース取引に該当しない取引	リースした資産を貸借対照表上で**資産として表示しない。** ＊支払われたリース料は、費用として損益計算書に表示される。

　一方、国際会計基準では、リース取引について**使用権**という考え方が示され、上記とは異なる会計処理が行われています。たとえば、2019 年 7 月 24 日付の日本経済新聞では、国際会計基準を採用している日本企業についてのリース取引関連の記事がみられます。

小売り・外食、負債 13％増
IFRS 対応、不動産リース料が債務に　総資産利益率の悪化作用も

　国際会計基準（IFRS）でリース取引に関する新たな会計処理が始まったことを受け、小売りや外食企業などの負債が急増している。2019 年 5 月末時点の負債は前期末（2 月末）に比べて 13％増えた。コンビニエンスストアや百貨店、商業施設など、不動産を借りて店舗運営をしている幅広い業態でリース負債が拡大している。

　小売りや外食企業が主体となる 2 月期決算企業（新興市場などを除く）の 5 月末時点の負債を調べた。約 150 社の合計で負債は 23 兆 2000 億円となり、前期末と比べて 2 兆 6000 億円増えた。自己資本比率も 34％と 2.5 ポイント低下した。

　リースのうち事務機などに多い「ファイナンスリース」は購入に近い形態のため既に貸借対照表（バランスシート）に計上されていた。今回、IFRS では賃貸借に近いオペレーティングリースについても資産計上する取り扱いを始め、2 月決算企業では今期から適用となる。日本の会計基準の会社でも海外子会社が運営する店舗などは原則同じ取り扱いとなり、不動産などを使用する権利を資産として計上する一方、今後支払う賃借料などをリース負債として計上するようになった。

負債が増えた主な小売・外食企業		
銘柄	5月末の負債総額	増加率
イオン	87,679	7
セブン＆アイ	33,044	6
ユニファミマ	13,931	78
Jフロント	8,142	45
高島屋	7,233	17
クリレスHD	970	2倍
良品計画	884	40
吉野家HD	769	23
コメダ	630	71

（注）単位億円、％。増加率は2月期末比

　IFRS を採用する企業では国内の主な店舗を貸借対照表に計上するようになったため、影響が大きい。（後略）

出所：「小売り・外食、負債 13％増、IFRS 対応、不動産リース料が債務に、総資産利益率の悪化作用も」日本経済新聞 2019 年 7 月 24 日朝刊

有形固定資産に関して注意しなくてはいけないのは、たとえ同じもので
あったとしても、商品としてもっているものは、商品として流動資産の区分
に表示されるということです。たとえば、パソコンを商品として販売するた
めにもっている場合、そのパソコンは商品として流動資産の区分に表示され
ます。一方、そのパソコンを使用するためにもっている場合、そのパソコン
は備品として有形固定資産の区分に表示されます。

3 無形固定資産

無形固定資産とは、固定資産のうち使用するためにもっている形のないも
のです。無形固定資産には、大きく分けて2種類のものがあります（図表
11_2）。1つが法律上の権利である無形固定資産で、もう1つが法律上の権利
ではない無形固定資産です。

無形固定資産のうち法律上の権利であるものには、**特許権**（とっきょけん）、商標権、実用
新案権、意匠権、借地権、放映権、ソフトウェア、インターネットドメイン
名やフランチャイズ権などがあります。

無形固定資産のうち法律上の権利ではないものには、**のれん**（これは営業（えいぎょう）
権（けん）とよばれることもあります）があります。のれんは、**M&A** ❹ が行われたと
きに生じるものです。

たとえば、A社が150百万円を支払ってB社の株式の100%をM&Aした
とします。そして、B社の資産（時価）は200百万円、負債（時価）は100
百万円、純資産（時価）は100百万円であったとします。この場合、A社が
支払った150百万円がB社の純資産（時価）100百万円を上回る分の50百万
円が、のれんとして無形固定資産の区分に表示されます（図表11_3）。

図表 11_2 無形固定資産の種類

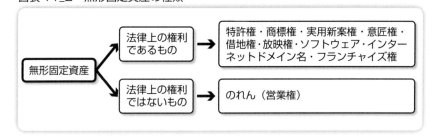

ステップアップ③

会計情報には、限界もありま
す。つまり、会社のすべての
情報がわかるわけではない、
ということです。
無形固定資産が、その一例で
す。たとえば人材は、会社に
とって重要な財産と考えられ
ます。しかし、ヒトに関する
情報は、会社の貸借対照表に
表示されることはありません。

ステップアップ④

ほかにも、ソフトウェア仮勘
定・鉱業権などがあります。

❹ Mergers and Acquisi-
tions（合併と買収）の略語。

予習ポイント①

時価については、第13節
（pp.75-76）で学習します。

ステップアップ⑤

反対に、A社が支払った金額
がB社の純資産（時価）の金
額を下回る場合、その差額分
の金額は**負ののれん発生益**と
して損益計算書の利益（特別
利益）に計上されます。
特別利益と負ののれん発生益
については、第18節
（pp.111-112）で学習しま
す。

B社の貸借対照表　（単位：百万円）－100％取得の場合

| 資産 200 | 負債 100 | のれん 50 | 150の支払い |
| | 純資産 100 | | |

B社の貸借対照表　（単位：百万円）－60％取得の場合

| 資産 200 | 負債 100 | のれん 30 | 90の支払い |
| | 純資産 100　40％分（40）／60％分（60） | | |

これは、100％のM&Aのケースになります。それでは、100％のM&Aではなかった場合、どのようになるでしょうか。たとえば、A社が90百万円支払ってB社の株式の60％を取得したとします。そして、B社の資産（時価）は200百万円、負債（時価）は100百万円、純資産（時価）は100百万円であったとします。この場合、純資産（時価）100百万円のうちA社の持分は、60百万円（＝100百万円×60％）ということになります。A社は、この60百万円に対し90百万円を支払ったということです。そして、A社が支払った90百万円が60百万円を上回る分の30百万円が、のれんとなります。

知的財産

知的財産は、会計的にみると無形資産に該当します。たとえば特許庁のWebサイトでは、以下のような知的財産があげられています。

知的創造物についての権利等		営業上の標識についての権利等	
特許権 （特許法）	・発明を保護 ・出願から20年 　（一部25年に延長）	商標権 （商標法）	・商品・サービスに使用するマークを保護 ・登録から10年（更新あり）
実用新案権 （実用新案法）	・物品の形状等の考案を保護 ・出願から10年	商号 （商法）	・商号を保護
意匠権 （意匠法）	・物品、建築物、画像のデザインを保護 ・出願から25年	特許庁Webサイト：「知的財産権について（2）知的財産権の種類」を修正・抜粋のうえ作成。 【https://www.jpo.go.jp/system/patent/gaiyo/seidogaiyo/ chizai02.html】 （閲覧日2020年4月24日）	
著作権 （著作権法）	・文芸、学術、美術、音楽、プログラム等の精神的作品を保護 ・死後70年（法人は公表後70年、映画は公表後70年）		

世界の主要企業にみられる「のれん」

「のれん」は、無形資産のなかでもとくに、話題になることの多い無形資産です。

たとえば、2019年6月8日付の日本経済新聞では、以下の記事がみられます。

自己資本を超える「のれん」はリスクもある

データはQUICK・ファクトセット。カッコ内は通称名、国・地域。のれんは2018年度、増減は17年度と比較、▲は減、単位兆円。ドルベースを1ドル＝110円で換算、－は自己資本がマイナス

	社　名	のれん	増減	自己資本に対するのれんの割合（％）
1	ＡＴ＆Ｔ（米）	16.1	4.5	80
2	アンハイザー・ブッシュ・インベブ（ベルギー）	14.6	▲0.8	207
3	ＣＶＳヘルス（米）	8.6	4.4	135
4	コムキャスト（米）	7.2	3.2	92
5	ゼネラル・エレクトリック（米）	6.5	▲2.6	192
6	ダウ・デュポン（米）	6.4	0.0	62
7	ユナイテッドヘルス（米）	6.4	0.4	114
8	ブリティッシュ・アメリカン・タバコ（英）	6.4	▲0.1	71
9	ファイザー（米）	5.8	▲0.2	84
10	サノフィ（仏）	5.5	0.2	75
11	ユナイテッド・テクノロジーズ（米）	5.2	2.2	125
12	アラガン（アイルランド）	5.0	▲0.4	71
13	プロクター・アンド・ギャンブル（米）	4.9	0.0	86
14	シグナ（米）	4.8	4.2	108
15	オラクル（米）	4.8	0.0	96
16	バイエル（独）	4.7	2.8	83
17	長江和記実業（ＣＫハチソンホールディングス、香港）	4.5	0.9	72
18	デルテクノロジーズ（米）	4.4	0.0	－
19	メドトロニック（アイルランド）	4.3	0.1	78
20	アリババ集団（中）	4.3	1.5	53

世界の主要企業で「のれん」が膨らんでいる。買収した企業の買収価格と純資産の差額で、世界で大型のM&A（合併・買収）を実施する企業が増えていることを表す。金額上位は医薬が占め、利益成長や新興国市場の開拓を目的にしている。買収した企業の経営がうまくいかないと、のれんを費用に計上する必要があり、一時期に大きな損失が出る恐れがある。（中略）

のれんとはM&Aの際に相手企業の純資産額を上回って支払った代金を意味する。買収先のブランド力や見えない資産の対価と位置づけられる。M&Aを積極的に手がけたり、割高な金額で買収をしたりすると増える。（中略）

業種別では医薬品が目立つ。9位の米製薬大手ファイザーののれんは約5兆8000億円。00年に同業のワーナー・ランバートを約11兆円で買収してから30兆円規模をM&Aに投じた。医薬は新薬開発に多額の研究開発費が必要だけに、有望企業を丸ごと買って収益源にする戦略は「ファイザーモデル」と呼ばれる。（中略）

企業買収を通じて新興国市場の開拓を目指す企業も増えている。ビール大手アンハイザー・ブッシュ・インベブはブランド拡充のため海外買収を進めてきた。約14兆円ののれんは自己資本の2倍以上だ。19年には消費者のビール離れを受けてカクテル飲料を買収、新領域開拓にも力を入れる。

一方、日本勢はソフトバンクGが21位と最高で、のれんの自己資本に対する割合は57％。シャイアー買収の武田薬品工業は22位で同比率は81％、上位30社中で日本企業は2社だった。

買収競争でM&A価格が上昇し、三井住友DSアセットマネジメントの平川康彦氏は「今後は買収前の正確な企業価値の算定がより重要になる」と話す。マイナー出資や経営陣を事前に送り込みじっくりと企業価値を吟味し、M&A後の統合作業を通じていかに相乗効果を生み出せるかも課題になる。

出所：「世界決算ランキング（6）M&A活況　膨らむ「のれん」――上位に医薬、日本勢は武田など、定期償却、利益減少も」日本経済新聞2019年6月8日朝刊

4　投資その他の資産

投資その他の資産とは、長期的な利殖を目的としてもっている資産や他企業を支配することを目的としてもっている資産のことです（図表11_4）。

長期的な利殖を目的としてもっている資産には、（1年以内に期限が到来しない）長期貸付金、（1年以内に満期が到来しない）満期保有目的の債券やその他有価証券があります。

一方、他企業を支配することを目的としてもっている資産には、子会社株式や関連会社株式があります。

図表 11_4　投資その他の資産の種類

復習ポイント① ステップアップ⑦

長期的な利殖を目的としてもっている資産	・（1 年以内に期限が到来しない） 　　　長期貸付金 ・（1 年以内に満期が到来しない） 　　　満期保有目的の債券 ・その他有価証券
他企業を支配することを目的としてもっている資産	・子会社株式 ・関連会社株式

復習ポイント①

長期貸付金以外の項目については、第 10 節図表 10_11（p.62）で学習しました。

ステップアップ⑦

投資その他の資産に含まれるものとして、これらのほかに**長期前払費用**もあります。前払費用については、第 10 節（p.63）で学習しました。

5　繰延資産

第 10 節では、資産の部における流動資産と固定資産の 2 区分について確認しました。資産の部にはさらに、**繰延資産**（くりのべしさん）という第 3 の区分もあります。この繰延資産の区分は、固定資産の区分の下に表示されます（図表 11_5）。

図表 11_5　繰延資産

貸借対照表

流動資産	負　債
固定資産	
繰延資産	純資産

繰延資産の区分には、本来は費用であり、ほかの資産のように換金したり譲渡したりすることはできないけれども、資産としてみなすことが認められている項目が含まれます。

このような項目としては、**創立費**、**開業費**、**開発費**、**株式交付費**や**社債発行費等**があります（図表 11_6）。

予習ポイント② ステップアップ⑧

これらの項目を費用とするか資産とするかは、企業の選択によります。ステップアップ⑨

図表 11_6　繰延資産の種類

創立費	会社を設立するために支出した費用
開業費	会社設立後から営業開始までに支出した開業準備のための費用
開発費	以下のために特別に支出した費用 新技術や新経営組織の採用・資源の開発・市場の開拓・設備の大規模な配置がえ
株式交付費	新株発行や自己株式処分のために、直接支出した費用 例：株式募集の広告費・金融機関の手数料
社債発行費等	社債発行のために、直接支出した費用 例：社債募集の広告費・金融機関の手数料

ステップアップ⑧

これらの項目が費用とされずに資産とされるのは、支出の効果が将来におよぶと認められているためです。

しかし、繰延資産とされる項目が、本当に資産としての価値を有しているものであるかどうかについては、注意する必要があるでしょう。

予習ポイント②

これらは、その後償却され、いずれ、貸借対照表上からなくなります。これについては、第 13 節（p.78）および第 17 節（p.108）で学習します。

ステップアップ⑨

実際には、資産ではなく費用としている会社が多いようです。そのため、繰延資産の区分を目にすることは少ないかもしれません。

本節のポイント

固定資産の部における 3 区分（有形固定資産・無形固定資産・投資その他の資産）について、理解できましたか。

資産の部における、流動資産と固定資産以外の区分である繰延資産の区分について、理解できましたか。

12 負債

本節で学習する箇所

貸借対照表

| 資　産 | 負　債 |
| | 純資産 |

貸借対照表には、**資産の部、負債の部**および**純資産の部**という3区分がありました。

本節ではこれら3区分のうち、**負債の部**における2区分（流動・固定）の分類基準について学習します。そのうえで、それら2区分の中身について、具体的に学習します。

1　負債の部における2区分

❶ Current Liabilities

復習ポイント①

資産の部も同様に、**流動資産**と**固定資産**という2区分に分けられました。これらについては第10節(pp.56-63)で学習しました。

ステップアップ①

本節で学習する負債以外に、**偶発債務**といわれるものがあります。偶発債務とは、将来債務になる可能性があるけれども、現時点ではその発生の可能性が不確定なもののことをいいます。

偶発債務としてはたとえば、債務保証や手形不渡りによる支払い義務、係争中の裁判に負けた場合に生じる支払い義務などがあげられます。

このような偶発債務は、その内容が貸借対照表に**注記**されます。

ステップアップ②

国際会計基準でも、流動負債と固定負債の区分はありますが、固定負債は**非流動負債**とよばれます。英語で非流動負債は、Non-Current Liabilitiesといいます。

流動負債と固定負債

貸借対照表の**負債の部**は、**流動負債**と**固定負債**という2区分に分けられます（図表12_1）。各負債は、**流動負債**か**固定負債**かに分類されますが、この分類基準には、**正常営業循環基準**と**1年基準**という2つの基準があります。

図表12_1　負債の部における2区分

貸借対照表

資　産	流動負債
	固定負債
	純資産

流動・固定の分類

各負債の流動・固定の分類は、**正常営業循環基準→1年基準**というステップで行われます（図表12_2）。

図表12_2　流動負債と固定負債の分類基準

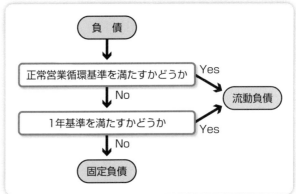

具体的にはまず、負債が正常営業循環基準を満たすかどうかが確認されます。そして正常営業循環基準を満たす場合には、その負債は流動負債とされます。正常営業循環基準を満たさなかった負債については次に、1年基準を満たすかどうかが確認されます。そして、1年基準を満たした場合には、その負債は流動負債とされ、満たさなかった場合には固定負債とされます。

2　正常営業循環基準とは何か

正常営業循環基準の意味

　企業の営業取引により、営業活動の一連の流れに含まれる負債には、**正常営業循環基準**が適用され流動負債とされます。営業活動の一連の流れというのは、たとえば商品を仕入れてそれを販売し、現金による代金回収を行い、その現金でふたたび商品を仕入れるという一連の営業活動のことをいいます（図表12_3）。^{復習ポイント②}

　正常営業循環基準により流動負債となる項目としてはたとえば、**買掛金**や**支払手形**があげられます。これらについて具体的に確認していきます。

復習ポイント②

営業活動の一連の流れについては、第10節（p.57）でも学習しました。

図表12_3　正常営業循環

```
        ┌──────────────────────────────┐
        ↓                              │
  ┌─────────┐     ┌───────┐    ┌──────────┐
  │ 仕入れ  │ →  │ 販売  │ →  │ 代金回収 │
  └─────────┘     └───────┘    └──────────┘
  買掛金
  支払手形
```

正常営業循環基準により流動負債となる項目

（1）買掛金

　買掛金は、商品や材料を仕入れるのと同時に支払いを行うのではなく、後日支払いを行うことを約束した場合に発生するツケのことです。^{ステップアップ③}ここで注意しなくてはならないのは、商品や材料以外のものをツケで買っても買掛金とはならないということです。商品以外のものをツケで買った場合には、**未払金**となります。

（2）支払手形

　支払手形とは、商品や材料を仕入れるのと同時に支払いを行うのではなく、手形を渡すことにより後日支払いを行うことを約束した場合に発生するツケのことです。^{復習ポイント③　ステップアップ④}手形では、だれに、いつ支払いを行うのかが指定されています。

ステップアップ③

たとえば、請求書が作成・交付されたときに買掛金となります。

復習ポイント③

手形については、第10節図表10_4（p.58）のサンプルを確認しましょう。

ステップアップ④

手形は、商品などの支払いに用いられるだけではなく、資金調達のために用いられる場合もあります。
このように資金調達を行うために発行される短期の手形のことを、**コマーシャルペーパー（CP）**といいます。

3　1年基準とは何か

1年基準の意味　営業取引以外の取引により生じる負債には、**1年基準（ワン・イヤー・ルール）**が適用され、1年を基準として流動負債か固定負債かに分類されます。1年基準によると、1年以内に支払義務がある負債は流動負債に分類され、1年以内には支払義務がない負債は固定負債に分類されます。

借入金　借入金のうち、**短期借入金**つまり1年以内に支払期限が到来する借入金は、1年以内に支払義務があるので、流動負債となります。一方、**長期借入金**つまり1年以内に支払期限が到来しない借入金は、1年以内には支払義務がないので、固定負債となります。ただし、長期借入金であったとしても、いずれ支払期限が到来します。そのため、長期借入金で1年以内に支払期限が到来するものは、1年以内に支払義務があるので、固定負債ではなく流動負債となります（図表12_4）。

図表12_4　借入金の表示区分

短期借入金	1年以内に支払期限が到来する借入金 （1年以内に支払義務がある）	流動負債
1年以内期限到来の長期借入金	もともとは1年以内に支払期限が到来しない借入金であるが、支払期限が1年以内となったもの （1年以内に支払義務がある）	流動負債
長期借入金	1年以内に支払期限が到来しない借入金 （1年以内には支払義務がない）	固定負債

社債　社債は、企業が資金を借りるために発行するものです。社債を発行した会社サイドにおいて、社債は負債となります。一方、社債を購入した会社サイドにおいて、社債は資産となります（図表12_5）。

社債は、基本的には固定負債となりますが、1年以内償還の社債つまり1年以内に満期がくる社債は、1年以内に支払義務があるので、流動負債となります。

図表12_5　貸借対照表における社債の表示区分

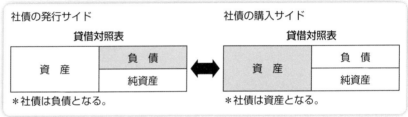

ステップアップ⑤

本節で学習する負債以外にも、**繰延税金負債**というものがあります。
この繰延税金負債は、固定負債に表示されます。
繰延税金負債については、第18節（p.115）で学習します。

ステップアップ⑥

社債には、通常の社債である**普通社債**以外にも、一定の条件で株式に変えることのできる権利がつけられた社債や、新しい株式を引き受ける権利がつけられた社債である**新株予約権付社債**があります。

復習ポイント④

具体的には、第10節（pp.61-62）で学習しました。

社債による資金調達

社債は、企業の資金調達の1つの方法です。

たとえば、2019年6月21日付の日本経済新聞では、以下の記事が示されています。

国内初50年債、買い手はソニー生命 働き盛り世代の顧客多く

社債市場で満期までの期間が50年にのぼる50年物社債の発行が本格化してきた。三菱地所が4月に国内初の50年物社債を発行し、JR東日本も発行を計画する。半世紀にわたるリスクをとって三菱地所の社債を買ったのは誰なのか。買い手として名前が挙がったのは、とある生命保険会社だった。人生100年時代に備えて保険に加入する30〜40歳代の働き盛り世代が巡り巡って企業の超長期にわたる資金調達を支えている。

想定超える需要

（中略）三菱地所の東京・丸の内のオフィス街は100年以上の歴史がある。今でも途切れることなく開発を続ける未完のプロジェクトだ。日銀のマイナス金利政策という極めて緩和的な金融環境をフルに活用し、超長期の開発計画に見合った資金調達を実現した。

「一体誰が買うんだろう？」。第一報が伝わるとインターネット上ではこんなつぶやきが相次いだ。

50年物社債の発行金利はわずか年1.132％だ。それでも三菱地所の想定を超える投資家の需要を集め、当初計画よりも50億円多い150億円の発行となった。

買い手として名前が挙がったのが、年金資金を運用する資産運用会社や地域金融機関、保険会社などだ。複数の関係者によると、なかでも主な買い手となったのはソニー生命保険という。むしろまずソニー生命の需要ありきで初の50年債の発行準備が進んだ節がある。

生命保険会社はもともと満期まで期間が長い債券を好んで購入する傾向がある。生命保険会社は顧客と極めて長い保険契約を結ぶ。将来の保険金をつつがなく支払うには、同じぐらい長期の債券を持つのが理論上は合理的だからだ。

しかもソニー生命の保険顧客は若い。中心世代は働き盛りの30〜40歳代で、保険期間が長い保険の比率が他の生保より高い。

日本の2017年の平均寿命は女性が87.26歳、男性が81.09歳でともに過去最長を更新した。今後も長寿化が進んで「人生100年時代」が到来すれば「30歳の顧客と終身の保険契約を結ぶと約70年の負債を負うことになる」（ソニー生命の岡克彦執行役員）。

ソニー生命が金融資産として保有する債券の平均残存期間は21.8年（3月末時点）にすぎない。人生100年時代に備え、保有する債券をどんどん長期化しなければ、保険契約とのミスマッチが大きくなる。50年物社債の購入ニーズは、日本人の"長寿化"に備えたものだった。（後略）

出所：「「人生100年」超長期債で備え ―― 国内初50年債、買い手はソニー生命 働き盛り世代の顧客多く（真相深層）」日本経済新聞2019年6月21日朝刊

引当金 負債の部に含まれる項目として、ここまで確認してきた項目以外に、**引当金**があります。引当金とは、将来発生することが予想できる支払義務で、その原因が当期以前にあるものをいいます（図表12_6）。

引当金には、たとえば、**商品保証引当金**、**賞与引当金**、**修繕引当金**、**特別修繕引当金**や**退職給付引当金**があります。

ステップアップ⑦

具体的には、以下の要件を満たしたものが、引当金となります。

①費用・損失の発生原因が当期以前にあること。

②将来の特定の費用・損失に関係するものであること。

③費用・損失の発生の可能性が高いこと。

④費用・損失の金額を合理的に見積もることができること。

復習ポイント⑤

ほかにも、貸倒引当金があります。これについては、第10節（pp.62-63）で学習しました。

ステップアップ⑧

負債の部に含まれる引当金は、**負債性引当金**とよばれます。

一方、貸倒引当金のように資産の部に含まれる引当金は、**評価性引当金**とよばれます。

図表 12_6　引当金の種類

商品保証引当金	商品の販売に当たり、販売した商品が故障したときに、無料で修理する約束をした場合に、設定するもの。
賞与引当金	従業員への賞与の支払いにそなえて、設定するもの。
修繕引当金	機械などの固定資産の定期的な修繕時の支払いにそなえて、設定するもの。
特別修繕引当金	大型の溶鉱炉などの大規模で定期的な修繕時の支払いにそなえて、設定するもの。
退職給付引当金 ^{ステップアップ⑨}	従業員の退職金および企業年金の支払いにそなえて、設定するもの。

ステップアップ⑨

退職給付引当金は、連結貸借対照表では**退職給付に係る負債**という名前にかわります。

ステップアップ⑩

流動・固定の分類以外の負債の分類方法として、**属性別分類**というものがあります。
これは、負債に債務性があるかどうかという点に着目して分類する方法です。
債務性がある負債には、たとえば、買掛金・支払手形・借入金・社債・商品保証引当金などがあります。
債務性がない負債には、たとえば、修繕引当金などがあります。

予習ポイント①

具体的な分析については、第24節（pp.162-163）で学習します。

ここで、商品保証引当金、賞与引当金および修繕引当金は流動負債となり、特別修繕引当金と退職給付引当金は固定負債となります。

4　流動・固定の分類の意味 ^{ステップアップ⑩}

　以上、本節では流動負債と固定負債の区分について確認してきました。基本的に、流動負債は短期的に支払いが行われる負債であり、固定負債は短期的には支払いが行われない負債です。一方、流動資産は短期的に現金化できる資産であり、固定資産は短期的には現金化できない資産でした。

　たとえば、流動負債の支払いは流動資産で行われますので、このように、資産と負債を流動と固定とに分類することにより、企業の短期的な支払能力（換金能力）をみることができます。 ^{予習ポイント①}

本節のポイント

負債の部の2区分（流動・固定）とそれら区分に含まれる項目について、理解できましたか。

流動負債と固定負債の分類基準について、理解できましたか。

引当金の意味と種類について、理解できましたか。

13 資産と負債の評価

本節で学習する箇所

貸借対照表

前節までは、**資産の部**と**負債の部**の区分とそれらの区分に含まれる項目について確認してきました。

本節では、そのような資産と負債の項目の評価について学習します。

資産と負債の評価とは、**資産の部**や**負債の部**に表示されている各項目の金額が、どのように決定されるのかということです。

1 資産の評価

2種類の金額

資産の部に表示される項目の金額には、おもに、**取得原価**と**時価（公正価値）**という2種類の金額があります。取得原価とは、最初にその資産を取得するためにかかった金額のことです。一方、時価とは、その資産のある時点の公正な評価額のことです。取得原価と時価について、具体例で確認してみましょう。

取得原価

たとえば、土地の貸借対照表上の金額は、基本的には取得原価で表示されます。かりに、ある企業がその企業の20X1年の期中に土地を100百万円で購入したとします。その場合の土地の取得原価は100百万円ということになり、貸借対照表上でそのように表示されます。

その後、20X1年の期末となり土地が200百万円に値上がりしたとします。そのような場合であったとしても、貸借対照表上のその土地の金額は取得原価の100百万円のまま表示されます。さらにその後、20X2年の期末となり土地が150百万円に値下がりしたとします。そのような場合であったとしても、貸借対照表上のその土地の金額は取得原価の100百万円のまま表示されます。

時価

たとえば、売買目的有価証券の金額は、基本的には時価で表示されます。かりに、ある企業がその企業の20X1年の期中に売買目的有価証券を100千円で購入したとします。その場合の売買目的有価証券の取得原価は100千円ということになり、貸借対照表上でそのように表示されます。

その後、20X1年の期末となり売買目的有価証券が200千円に値上がりしたとします。この200千円が時価ということになります。その場合、貸借対照表上のその売買目的有価証券の金額は取得原価の100千円ではなく、時価の

ステップアップ①

資産を購入した場合、その資産自体の金額（これを**購入代価**といいます）に加えて、**付随費用**がかかることがあります。

付随費用には、たとえば購入手数料や引取運賃などがあります。このような付随費用も、取得原価に含まれます。

なお、将来的に有形固定資産を除去するときに発生する**資産除去費用**を取得原価に含めることもあります。この場合、その資産除去費用の同額が**資産除去債務（負債）**となります。

ステップアップ②

ただし、この土地の金額が取得原価である100百万円より著しく値下がりした場合には、値下がりした金額で表示されることがあります。

200千円と表示されます。さらにその後、20X2年の期末となり売買目的有価証券が150千円に値下がりしたとします。その場合、貸借対照表上のその売買目的有価証券の金額は時価の150千円と表示されます。^{予習ポイント①}

予習ポイント①

売買目的有価証券について、その取得原価と時価との差額は、**有価証券評価益**や**有価証券評価損**として、損益計算書に計上されます。具体的には第17節（pp.107-108）で学習します。

トピック⑥

時価と公正価値

　新聞やテレビなどで見聞きする時価という用語。一般的に時価は、市場で取引されている価格（市場価格）を意味します。売買目的有価証券の時価も、この市場価格に当てはまります。

　時価は、国際会計基準では公正価値とよばれています。会計では時価も公正価値も、市場価格以外の価格も含んでおり、会計基準では以下のレベルが示されています。

レベル1	活発な市場における相場価格（例：市場価格）
レベル2	（レベル1以外で）直接または間接的に観察可能な情報 （例：類似する商品の市場価格）
レベル3	観察可能でない情報（例：評価モデルにより算定された価額）

各項目の金額　　資産の部に含まれる各項目の金額は、取得原価か時価のどちらかを基本に決定されます。

　まず、時価を基本に金額が決定される項目としては、上記した売買目的有価証券やその他有価証券があります。一方、時価で評価されない項目は、取得原価を基本に金額が決定されます。たとえば、有価証券のうち満期保有目的の債券や子会社株式・関連会社株式については、時価ではなく取得原価を基本にその金額が決定されます（図表13_1）。

復習ポイント①

第10節図表10_11（p.62）で、有価証券の表示区分と表示名を学習しました。

図表13_1　有価証券の区分と評価^{復習ポイント①}

	分類	表示名	評価
①	売買目的有価証券	有価証券	時　価
②	1年以内に満期が到来する満期保有目的の債券	有価証券	取得原価
	1年以内に満期が到来しない満期保有目的の債券	投資有価証券	取得原価
③	子会社株式・関連会社株式	関係会社株式	取得原価
④	その他有価証券	投資有価証券	^{予習ポイント②}時　価

予習ポイント②

その他有価証券について、その取得原価と時価との評価差額は、貸借対照表の純資産の部に計上されることもあれば、損益計算書に計上されることもあります。具体的には、第14節（p.84）および第17節（p.108）で学習します。

2　取得原価

　取得原価を基本に金額が決定される場合、取得原価それ自体が資産の金額とされる場合と、取得原価から一定の金額が控除された額が資産の金額とされる場合があります。この場合に控除される一定の金額の種類としては、**貸倒引当金**、**商品評価損**、**減価償却費**や**減損損失**があります。

(1) 貸倒引当金

売掛金、受取手形や貸付金などの場合、将来的にその債権が貸し倒れとなり回収できなくなる可能性があります。そのような事態にそなえて、これらの債権には**貸倒引当金**が設定されています。この場合、その債権の金額から貸倒引当金の金額を控除した金額が、その債権の貸借対照表上の金額となります。たとえば、売掛金の金額が 100 千円、それに設定された貸倒引当金が 10 千円であった場合、90 千円（100 千円－10 千円）がその売掛金の貸借対照表上の金額となります。

(2) 商品評価損

商品については、その商品の取得原価から商品評価損が控除されることがあります。**商品評価損**とは、商品の**正味売却価額**が**帳簿価額**よりも低い場合に生じる、その差額です。ここで、**正味売却価額**とは、期末の売価から販売するための付随費用を控除した金額のことをいいます。また、**帳簿価額**とは、帳簿上で記録されている金額のことです。

たとえば、期末に残っている商品の金額を帳簿上で確認したところ、取得原価である 1,000 千円であったとします（これが、帳簿価額です）。一方、実際に商品自体の正味売却価額を確認したところ、800 千円であったとします。この場合、商品の正味売却価額は帳簿に記録されているよりも 200 千円（1,000 千円－800 千円）低く、この 200 千円が商品評価損となります。そして、商品の貸借対照表上の金額は、取得原価である 1,000 千円から商品評価損 200 千円を控除した 800 千円となります。

なお、このように商品の正味売却価額が帳簿価額よりも低い場合には、その金額が商品の金額とされますが、これとは反対に商品の正味売却価額が帳簿価額より高い場合には、その金額が商品の金額とされることはありません。つまり、商品の貸借対照表上の金額は、帳簿価額と正味売却価額のいずれか低いほうの金額で決定されるわけです。そのため、これは**低価法**とよばれています。

(3) 減価償却費

土地以外の固定資産は、使用や時間の経過にともない価値が減少します。その価値の減少分のことを、**減価償却費**といいます。そのため、そのような固定資産の貸借対照表上の金額は、取得原価から価値の減少分である減価償却費を控除した金額となります。

たとえば、建物を 1,000 千円で購入したとします。その建物の価値の減少が毎年 100 千円であると見積もられた場合、その 100 千円が毎年の減価償却費となり、1 年後の建物の貸借対照表上の金額は 900 千円（1,000 千円－100 千円）、2 年後の建物の貸借対照表上の金額は 800 千円（900 千円－100 千円）となります。

復習ポイント②

貸倒引当金については、第 10 節（pp.62-63）で学習しました。

ステップアップ③

このほかに、取得原価から控除されるものとしては、**棚卸減耗費（棚卸減耗損）**があります。

たとえば、盗難や紛失などで、商品自体の数が帳簿に記録されている数よりも不足している場合には、その分の金額が棚卸減耗費として、取得原価から控除されます。

ステップアップ④

これを**帳簿棚卸**といいます。

予習ポイント③

この金額の具体的な計算方法については、第 16 節（pp.101-102）で学習します。

ステップアップ⑤

これを**実地棚卸**といいます。

予習ポイント④

損益計算書の視点からみると、減価償却は**費用の期間配分**という意味があります。

減価償却費の具体的な計算方法については、第 16 節（p.103）で学習します。

なお、固定資産を取得してから現在までの毎年の減価償却費を合計した金額のことを**減価償却累計額**といいます。上記の例を用いると、1年後の建物の減価償却累計額は 100 千円、2 年後の建物の減価償却累計額は 200 千円（100 千円（1 年目の減価償却費）＋100 千円（2 年目の減価償却費））となります（図表 13_2）。

図表 13_2　減価償却費と減価償却累計額

	取得時	1 年後	2 年後	3 年後
建物（貸借対照表上の金額）	1,000 千円	900 千円	800 千円	700 千円
減価償却費	―	100 千円	100 千円	100 千円
減価償却累計額	―	100 千円	200 千円	300 千円

上記は、有形固定資産の例ですが、無形固定資産についても同様です。たとえば、のれんについては 20 年以内に償却されます。また、繰延資産についても同様です。

（4）減損損失

固定資産の**回収可能価額**が帳簿価額よりも低い場合、その差額が減損損失となり、帳簿価額から控除されます。ここで、**回収可能価額**とは、**正味売却価額**と**使用価値（割引現在価値）**のいずれか高いほうの金額をいいます。

正味売却価額とは、固定資産の現時点での売価から売却するための付随費用を控除した金額のことをいいます。一方、**使用価値**とは、固定資産の継続的な使用から得られる将来キャッシュ・フローと最終的な処分から得られる将来キャッシュ・フローを現在の価値に割引計算した金額のことをいいます。

なお、上記した減価償却は土地には適用されませんが、減損損失は土地にも適用されることに注意する必要があります。また、ここでの帳簿価額とは、土地以外については、減価償却費を控除したあとの金額であることにも注意する必要があります。さらに、減価償却費は毎年控除されるものであるのに対して、減損損失は減損が生じた場合にのみ控除されるものであることにも注意する必要があります。

たとえば、減価償却費控除後の帳簿価額が 800 千円の建物があるとします。そして、この建物に減損が生じたために、この建物の回収可能価額が 300 千円となったとします。この場合、この建物の回収可能価額 300 千円と帳簿価額 800 千円の差額 500 千円が減損損失となります。

建物の帳簿価額 800 千円からこの減損損失 500 千円が控除され、最終的に建物の貸借対照表上の金額は 300 千円となります。

このように固定資産の回収可能価額が帳簿価額よりも低い場合には、その回収可能価額が固定資産の金額とされることがありますが、これとは反対に固定資産の価値が帳簿価額より高い場合には、その価値が固定資産の金額とされることはありません。

ステップアップ⑥

無形固定資産の場合、減価償却ではなく**償却**といいます。

復習ポイント③

のれんについては、第 11 節（pp.66-68）で学習しました。

ステップアップ⑦

国際会計基準では、のれんは償却されません。これは、日本基準と国際会計基準との、大きな差異であるといわれています。

復習ポイント④

繰延資産については、第 11 節（p.69）で学習しました。

ステップアップ⑧

繰延資産の場合、減価償却ではなく償却といいます。
償却期間は、以下のとおりです。
・創立費：5 年以内
・開業費：5 年以内
・開発費：5 年以内
・株式交付費：3 年以内
・社債発行費等：社債の償還までの期間

ステップアップ⑨

たとえば、1 年後の 10,000 円のキャッシュ・フローを 10% の利率で現在の価値に割引計算すると、以下のようになります。

10,000 円 ÷ 1.1
＝9,090.90…円

予習ポイント⑤

減損損失は、損益計算書の特別損失となります。特別損失については、第 18 節（pp.112-113）で学習します。

無形固定資産の減損損失

建物のような有形固定資産だけではなく、以下の記事にみられるように、無形固定資産にも減損損失は発生します。

減損損失

資産価値の下落を反映

▽…企業が保有する資産の価値を引き下げる会計処理に伴う損失のこと。M&A（合併・買収）によるのれんだけでなく、特許権や営業権、ソフトウエアのような目に見えない「無形固定資産」、工場や土地など固定資産が対象になる。そうした資産の利用価値や収益性が大きく低下した場合、実態に見合う水準まで貸借対照表（バランスシート）に計上している額を引き下げる。

日本企業の減損損失の事例			
企業名	計上時期	金額（億円）	内容
東　芝	17年3月期	7125	米原子力関連
みずほFG	19年3月期	5036	システム投資や店舗
三菱商事	16年3月期	4260	銅や鉄鉱石など資源権益
日本郵政	17年3月期	4003	豪物流子会社

▽…国境を越えた買収案件の増加に伴い、日本企業でも巨額の減損損失を計上するケースが増えている。日本郵政は 2015 年にオーストラリアの物流大手トール・ホールディングスを買収したものの、協業による相乗効果を高められず 17 年 3 月期に約 4000 億円の減損損失を計上。300 億円弱の最終赤字に転落した。商社などでも減損を出す事例は多い。

▽…のれんの減損損失をどう処理するかは会計基準で違いがある。日本基準では最長 20 年かけて定期償却し、毎年費用として計上する。特定の年度に損失が偏るのを避ける考えがベースにある。一方、国際会計基準（IFRS）や米国会計基準は毎年実施する「減損テスト」を通して、減損が必要かどうかを判断する。

出所：「減損損失 —— 資産価値の下落を反映（きょうのことば）」日本経済新聞 2019 年 7 月 19 日朝刊

ステップアップ⑩

実際には、このように、すぐに減損損失を計算し、その金額を帳簿価額から控除するわけではありません。

具体的には、**減損の兆候**がみられた場合にまず、帳簿価額**と割引前将来キャッシュ・フロー**の金額が比較されます。

そして、割引前将来キャッシュ・フローが帳簿価額より低い場合に、減損損失の計算をします。

逆に、割引前将来キャッシュ・フローが帳簿価額より高い場合には、減損損失の計算自体を行いません。

たとえば、建物の帳簿価額（減価償却費控除後）が 800 千円、割引前将来キャッシュ・フローが 450 千円であったとします。この場合、割引前将来キャッシュ・フロー 450 千円は帳簿価額 800 千円より低いため、減損損失の計算を行うこととなります。

3　負債の評価

負債の部に表示される項目の金額には、おもに 2 種類の金額があります。

1 つは、契約によって支払うことが決定している金額です。買掛金、支払手形や借入金の貸借対照表上の金額は、契約によって支払うことが決定している金額で表示されます。

もう 1 つは、見積もりによる金額です。商品保証引当金、賞与引当金、修繕引当金、特別修繕引当金や退職給付引当金といった引当金の金額は、見積もりによる金額で表示されます。

なお、社債については、将来支払うことが決定している金額である額面価額と同額で発行される場合（**平価発行**）、額面価額以下で発行される場合（**割引発行**）、および額面価額以上で発行される場合（**打歩発行**）があります。

社債の貸借対照表上の金額は、平価発行の場合は、将来支払うことが決定している金額である額面価額で表示されます。一方、割引発行や打歩発行の場合は、発行時にはまず、実際の発行価額で表示します。その後、社債の貸

復習ポイント⑤

これら引当金については、第 12 節図表 12_6（p.74）で学習しました。

借対照表上の金額が満期償還時点で額面価額と同額になるように、実際の発行価額と額面価額との差額を償還までの各年度にわたり、発行価額に加減していきます。

最も一般的な割引発行のケースで、具体例を確認してみましょう。

たとえば、A社が、期首に額面価額100千円、償還までの期間が5年間の社債を95千円で発行したとします。この場合、実際の発行価額95千円と額面価額100千円との差額5千円を、5年間にわたり毎年1千円（5千円÷5年間）ずつ、発行価額の95千円に加算し、最終的に満期償還時点の社債の貸借対照表上の金額が100千円となるようにします。

具体的には、貸借対照表上の1年後の社債の金額は96千円（95千円＋1千円）、2年後の社債の金額は97千円（96千円＋1千円）、3年後の社債の金額は98千円（97千円＋1千円）、4年後の社債の金額は99千円（98千円＋1千円）、5年後（満期償還時点）の社債の金額は100千円（99千円＋1千円＝額面価額）となります（図表13_3）。

ステップアップ⑪

これを、**償却原価法**といいます。償却原価法には、**定額法**と**利息法**があります。
定額法は、毎年一定金額を加減していく方法です。一方、**利息法**は、複利計算を考慮に入れて加減していく方法です。

復習ポイント⑥

社債の発行については、第12節（p.72）で学習しました。

ステップアップ⑫

これは、社債の発行によって、95千円を借りて、5年後に100千円を返すということを意味しています。

ステップアップ⑬

仮想通貨は、最近では**暗号資産**とよばれています。

図表13_3　社債の貸借対照表上の金額

	発行時	1年後	2年後	3年後	4年後	5年後（満期償還時点）
貸借対照表上の社債の金額	95千円	96千円	97千円	98千円	99千円	100千円
額面価額	100千円	100千円	100千円	100千円	100千円	100千円

トピック⑧

仮想通貨

ステップアップ⑬

　最近よく耳にする仮想通貨。どのような会計処理となっているのでしょうか。2018年3月10日付の日本経済新聞では、仮想通貨を時価評価するという、以下の記事が示されています。

　日本企業の会計基準を策定する企業会計基準委員会（ASBJ）は9日、企業が仮想通貨を利用する際の会計ルールを正式にまとめた。仮想通貨は原則、期末に時価評価し、価格変動に応じて損益に計上することなどが柱。2019年3月期から企業に適用する。

　仮想通貨は原則として最も頻繁に利用している交換所の価格で貸借対照表（BS）に計上し、企業は期末に時価で評価し直す。差額は損益として反映する。一方、仮想通貨技術を使った資金調達（ICO＝イニシャル・コイン・オファリング）を念頭に自社や自社の関係会社が発行した仮想通貨はルールの対象から除外した。今後、対応を検討する。

出所：「仮想通貨利用の会計ルール決定、ASBJ」日本経済新聞2018年3月10日朝刊

本節のポイント

▨資産と負債の各項目の評価について、理解できましたか。

▨取得原価と時価について、理解できましたか。

14 純資産

本節で学習する箇所

貸借対照表

貸借対照表には、**資産の部、負債の部**および**純資産の部**という3区分がありました。これら3区分のうち、**資産の部**および**負債の部**については、前節までで学習しました。

本節では、資産と負債の差額である**純資産の部**について学習します。

1 純資産の部における4区分—個別貸借対照表

貸借対照表には、**資産の部、負債の部**および**純資産の部**という3区分がありました。資産の部と負債の部のなかには、流動と固定という区分がありました。純資産の部のなかにも、資産の部や負債の部と同様に、いくつかの区分があります。 復習ポイント①

貸借対照表には、**個別**のものと**連結**のものとがありますが、純資産の部の区分は、個別貸借対照表と連結貸借対照表では少し異なります。本節ではま 復習ポイント②

ず、個別貸借対照表における純資産の部について確認したうえで、連結貸借対照表における純資産の部について確認していきます。

個別貸借対照表において純資産の部は、**株主資本、評価・換算差額等、株式引受権**および**新株予約権**の4つに区分されます（図表 ステップアップ①

14_1、純資産の部の全体像については図表14_2）。

図表 14_1 純資産の部における 4 区分（個別貸借対照表）

個別貸借対照表	
資 産	負 債
	株主資本
	評価・換算差額等
	株式引受権
	新株予約権

復習ポイント①

資産の部のなかの区分については第10節（pp.56-63）と第11節（pp.64-69）、負債の部のなかの区分については第12節（pp.70-74）で学習しました。

復習ポイント②

個別と連結については、第8節（pp.47-49）で学習しました。

ステップアップ①

国際会計基準では、このような区分が明確に分けられていません。

これから本節で学習する各項目をよく理解し、それらの各項目が日本基準における区分のどれに含まれるものなのか、自分なりに考えて分けてみると、理解しやすいでしょう。

2 株主資本

純資産の部における株主資本の区分は、株主に帰属する区分です。この株主資本の区分には、株主からの出資（払込）に関係する項目と会社のもうけ（利益）に関係する項目が含まれます。

株主の出資（払込）に関係する項目としては、**資本金、資本剰余金**および**自己株式**があげられます。一方、会社のもうけ（利益）に関係する項目としては、**利益剰余金**があげられます。これらについて、具体的に確認していきます。

❶ ・Common Stock
　・Capital
　・Share Capital

資本金 ❶

会社は、株式を発行することにより株主から資金を調達します。株主から払い込まれた金額は、資本金として株主資本の区分に表示されます。

たとえば、ある会社が株式を1株1,000円で1,000株発行し、株主から1,000千円の出資（払込）を受けた場合、原則として**資本金**1,000千円が株主資本の区分に表示されます。

ステップアップ②

資本剰余金 ❷

株主から払い込まれた金額は、基本的には資本金とされます。しかし、実際には、株主から払い込まれた金額の2分の1までを資本金としないことも認められています。ここで、株主から払い込まれた金額のうち、資本金とされなかった金額が**資本剰余金**とされ、株主資本の区分に表示されます。

たとえば、上記の資本金の例において、株主からの払い込みを受けた1,000千円のうち2分の1つまり500千円を資本金としなかった場合、株主資本において**資本金**は500千円となり、残りの500千円は**資本剰余金**となります。

自己株式 ❸

会社は、すでに発行した自社の株式を取得し、保有し続けることができます。そのような株式のことを**自己株式**といいます（これは、**金庫株**ともよばれています）。

予習ポイント①

自己株式の取得は、株主に対する払いもどしと考えられます。ここまでみてきた資本金と資本剰余金は、株主からの払い込みであるため、株主資本の金額を増加させる項目です。それとは反対に、自己株式は株主に対する払い戻しであるため、株主資本の金額を減少させる項目です。そのため、自己株式は、株主資本の区分において控除形式で表示されます。なお、自己株式の金額は、会社がその自己株式を取得した金額で表示されます。

たとえば、ある会社が、株主から株式10株を10,000円で取得した場合、自己株式100,000円が、純資産の部の株主資本の区分において、控除形式で表示されます。

ステップアップ②

資本剰余金はさらに、**資本準備金**と**その他資本剰余金**に分けられます。
株主から払い込まれた金額のうち資本金としなかった金額は、**資本準備金**となります。

❷ ・Additional Paid-in Capital (APIC)
　・Capital Surplus
　・Capital Reserves

❸ ・Treasury Share
　・Treasury Stock

予習ポイント①

自己株式を取得したあとの取り扱いとしては、本節トピック⑨（p.83）で示した方法のほかに、**ストックオプション**の発行に用いるという方法もあります。ストックオプションについては、本節（pp.85-86）で学習します。

図表14_2　個別貸借対照表における純資産の部

```
純資産の部
  株主資本
    資本金
    資本剰余金
      資本準備金
      その他資本剰余金
    利益剰余金
      利益準備金
      その他利益剰余金
        任意積立金
        繰越利益剰余金
    自己株式
  評価・換算差額等
    その他有価証券評価差額金
    繰延ヘッジ損益
    土地再評価差額金
  株式引受権
  新株予約権
  純資産合計
```

自己株式のその後

　会社が自己株式を取得したあとの取り扱いとして、そのまま自社で保有し続けるという方法、ふたたび株主に売却する方法、M&Aの時の対価として用いる方法などがあります。また、自己株式を消却するという方法もあります。2019年7月20日付の日本経済新聞では、自己株式の消却についての記事がみられます。

　上場企業の自社株式の保有額が減少に転じ始めた。2018年度は約22兆円と前年度比1割減った。自社株買いは高水準だが、自社株を消滅させる「消却」が前年度の2倍に増え、自社株買いの金額を上回ったことなどが理由だ。国内外の投資家が資本効率の改善を要求する中、自社株買いからさらに踏み込んだ消却が相次いでいることは、企業が「本気」の改革を意識し始めた兆しでもある。こうした動きは19年度も続きそうだ。(中略)

　金融を除く全上場企業の手元資金は計122兆円に積み上がっている。自社株買いは余剰資金の用途の中心となっており、足元の件数や金額は過去最高水準で推移している。自己資本を圧縮する効果があり、自己資本利益率(ROE)の改善や1株利益の増加につながる利点がある。

　足元は1歩先を行く動きが活発だ。自社株買いだけだと「金庫株」として積み上がったままだが、消却すれば資本効率改善の効果を固定化できるからだ。金庫株はM&A(合併・買収)の対価や、資金調達のための売り出しなどに活用されるが、市場に再放出されれば1株価値の希薄化などの需給悪化を招くため、投資関係者の懸念の一つになっている。

　消却まで動く事例が増えた背景には、15年に東証が上場企業に適用した企業統治指針(コーポレートガバナンス・コード)で資本効率の向上を求めたことがある。さらに昨年の改訂では、自社の資本コストを把握し経営戦略を立てるべきだとした。6月の総会ではROE改善はもちろん、経営者に資本コストへの意識を問う株主提案も目立ち、資本の効率化を巡る株主の監視の目は一段と厳しくなっている。(後略)

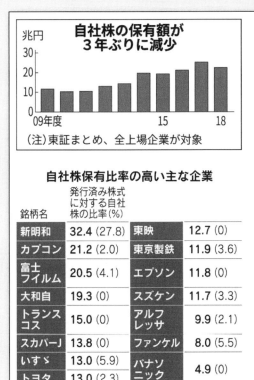

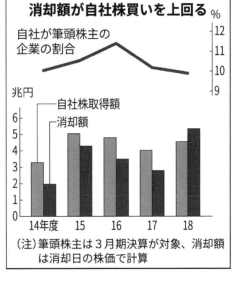

出所:「自社株の消却、倍増　上場企業、昨年度の保有額1割減　投資家、効率改善へ圧力」日本経済新聞2019年7月20日 朝刊

利益剰余金はさらに、**利益準備金**とその他利益剰余金に分けられます。

利益準備金とは、会社法によって積みたてるよう定められているものです。

その他利益剰余金はさらに、**任意積立金**と**繰越利益剰余金**に分けられます。

任意積立金とは、株主総会などで設定されるものです。任意積立金以外のものが**繰越利益剰余金**とされます。

❹ Retained Earnings

予習ポイント②

損益計算書上の損益とする場合については、第17節（pp.107-108）で学習します。

復習ポイント③

有価証券の評価については、第13節図表13_1 (p.76)で学習しました。

ステップアップ④

なお、この評価差額は、税効果会計の対象となるので、法定実効税率を30％と仮定すると、繰延税金負債として3千円（10千円×30％）が計上され、**その他有価証券評価差額金**は7千円（10千円×70％）と表示されます。税効果会計については、第18節（pp.114-115）で学習します。

ステップアップ⑤

この場合、評価差額がプラスとなる場合には純資産の部の金額が増加しますが、評価差額がマイナスとなる場合には、純資産の部の金額が減少するのではなく、損益計算書上の損失として計上します。この損失については、第17節（p.108）で学習します。

利益剰余金とは、これまでに会社が獲得した利益のうち、社内に留保されたもののことです。ここでいう利益とは、会社が当期に獲得した利益のみを意味しているのではなく、会社が過去から当期までに獲得したすべての利益を意味していることに、注意する必要があります。ただし、会社は獲得した利益すべてを社内に留保するわけではありません。その利益から、株主に対する配当を行います。そのため、会社が獲得した利益のうち社内に留保されたものというのは、会社がこれまでに獲得した利益のうち配当されなかったもの、という意味であることにも注意する必要があります。

たとえば、ある会社のこれまでの利益が200百万円、そこからの株主への配当金が50百万円であったとします。その場合、社内に留保された利益は150百万円となり、株主資本の区分において利益剰余金150百万円と表示されます。

3 評価・換算差額等

純資産の部における**評価・換算差額等**の区分には、資産や負債の取得原価と時価との評価差額が含まれます。資産や負債を時価評価した場合、その取得原価と時価との評価差額を損益計算書上の損益とする場合としない場合とがあります。評価差額を損益計算書上の損益としない場合、その評価差額は評価・換算差額等の区分に表示されます。

このような評価差額は、株主から払い込まれたものではなく、損益計算書上の損益とされたものでもないため、株主に帰属するものかどうか明確ではありません。そのため、株主資本の区分とは分けて表示されています。

たとえば、有価証券のうち時価評価されるのは売買目的有価証券とその他有価証券の2種類です。売買目的有価証券の評価差額が損益計算書上の損益とされるのに対して、その他有価証券の評価差額は基本的には損益計算書上の損益とはされず、貸借対照表上の評価・換算差額等の区分に表示されます。

たとえば、ある会社がその他有価証券を保有しており、その購入時の取得原価が30千円、当期末の時価が40千円であったとします。この場合、両者の差額10千円が、この有価証券の評価差額となります。

資産や負債の取得原価と時価との評価差額は、プラスになる場合もあればマイナスになる場合もあります。たとえば、その他有価証券の評価差額が上記のようにプラスになる場合には純資産の部の金額が増加し、評価差額がマイナスとなる場合には、純資産の部の金額が減少します。これを、**全部純資産直入法**といいます。一方、その他有価証券の評価差額については、**部分純資産直入法**という方法もあります。

なお、評価・換算差額等の区分に含まれる項目としては、ほかにも、**繰延ヘッジ損益**や**土地再評価差額金**があります。

ステップアップ⑥

第13節ステップアップ②（p.75）で学習したように、土地については、基本的には時価評価による金額の切り上げは行われません。
評価・換算差額等の区分に含まれている土地評価差額金は、時限立法において臨時的に生じることとなったものであることに注意しましょう。

4 新株予約権

新株予約権とは、新株予約権の保有者の側からみると、会社から一定の価格で新株を発行してもらうことができる権利のことをいいます。一方、会社の側からみると、その保有者に対して一定の価格で新株を発行しなくてはならないものということになります。

新株予約権の保有者は、いずれ株主となる可能性はあるものの、現在の株主ではありません。そのため、新株予約権は株主資本の区分とは分けて表示されます。

さまざまな株式報酬制度

（トピック⑩）

ストックオプションは、株式報酬制度の1つです。

株式報酬制度には、さまざまなものがあります。2019年5月28日付の日本経済新聞では、以下の記事が示されています。

企業が役員に株式で報酬を渡す制度を相次ぎ導入している。導入数は2019年に1500社強と前年比で約2割増え、上場企業の42％を占める見通し。特に数年後に売却できる株式を支給するタイプが急増した。昨年の企業統治指針の改訂で報酬の客観性や透明性を求められており、現金に偏っていた報酬体系から株価が上がれば報酬が増える仕組みに変えて株主の理解を高める。

株式報酬の導入企業は22日時点で1514社に達した（野村証券調べ）。今後の増加分も踏まえると、株主総会を迎える6月の末までに1550社程度に達する見込み。指針導入前の14年（487社）の約3倍だ。集計対象には一部企業は従業員向けも含む。（後略）

株式報酬制度は種類によって、長所と短所がある

特　徴	長所、短所など	今年の総会から導入する主な企業
譲渡制限付き株式報酬※		
株式を付与するが、売却できるのは一定期間を経過した後	○3～5年など中長期的な経営のインセンティブになりやすい	トヨタ自動車、日立製作所、三井物産、京セラ、テルモ、大塚ホールディングス、日本ペイントホールディングス、積水ハウス
株式交付信託※		
役職や目標達成度などに応じて役員にポイントを与え、一定期間を経過した後で株式に交換する	○企業の事務負担が少ない○信託報酬でコストが高くなる	セブン＆アイ・ホールディングス、中部電力、電通、リコー、ポーラ・オルビスホールディングス
パフォーマンス・シェア※		
株式を付与するが、売却できる数量は目標達成度に応じる	○経営者にとってより利益拡大の強いインセンティブとなりやすい	資生堂、HOYA、群馬銀行、そーせいグループ
ストックオプション		
あらかじめ決まった価格で株式が買える権利。株価上昇時に利益を得る	○株価の下落が損失につながらず株高に傾斜した経営を誘発しやすい	廃止する企業が多い

（注）※は現物株型

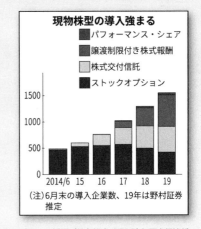

現物株型の導入強まる

凡例：パフォーマンス・シェア／譲渡制限付き株式報酬／株式交付信託／ストックオプション

（注）6月末の導入企業数、19年は野村証券推定

（横軸）2014/6　15　16　17　18　19
（縦軸）500　1000　1500

出所：「株式報酬導入42％に増加、「譲渡制限型」急増、中期の成長策促す、ストックオプション低調（株主総会2019）」日本経済新聞2019年5月28日朝刊

新株予約権の例としては、会社が役員や従業員などに対して報酬の一部として発行する**ストックオプション**があげられます。ストックオプションとは、役員や従業員が、その権利を与えられてから一定期間経過後、一定の価格で自社の株式を購入することのできる権利のことです。^{ステップアップ⑦}

ストックオプションは、あくまでも自社の株式を購入することができる権利です。
そのため、役員や従業員はストックオプションで与えられた購入価格と市場での自社の株式の価格とを比較し、購入価格より市場価格が高い場合には自社株を購入するという選択を行い、反対に購入価格より市場価格が低い場合には自社株を購入しないという選択を行うと考えられます。

5 　株式引受権

純資産の部の新たな項目として、**株式引受権**が追加されました（図表14_3）。これは、会社法が改正され、2021年3月より取締役の報酬等として株式を無償交付する取引が認められたことによるものです。

この取引のうち、株式の発行に権利確定条件（一定の勤務期間や業績の達成）がついている場合、権利の保有者はまだ株主となっていないので、株式引受権は株主資本とは別の区分に表示されます。

図表14_3　純資産の部における新たな区分

貸借対照表	
資　産	負　債
	株主資本
	評価・換算差額等
	株式引受権
	新株予約権

6 　純資産の部におけるもう1つの区分―連結貸借対照表

連結貸借対照表における純資産の部には、個別貸借対照表の区分に加えて**非支配株主持分**という区分があります（図表14_4および図表14_5）。

なお、連結貸借対照表では、評価・換算差額等の区分は、**その他の包括利益累計額**という名称に変わります。この区分には、評価・換算差額等の区分に含まれている個別の項目に加えて新たに、**為替換算調整勘定**および**退職給付に係る調整累計額**が含まれます。

❺ Non-controlling Interests

国際会計基準による貸借対照表では、明確に示されていないことも多くあります。その場合、たとえば第22節（p.150）で学習する連結株主資本等変動計算書において、純資産の部の変動を確認するとよいでしょう。

❻ Accumulated Other Comprehensive Income

図表14_4　純資産の部におけるもう1つの区分（連結貸借対照表）

連結貸借対照表	
資　産	負　債
	株主資本
	その他の包括利益累計額
	株式引受権
	新株予約権
	非支配株主持分

個別の場合は「評価・換算差額等」

ステップアップ⑨　予習ポイント③

図表 14_5　連結貸借対照表における
純資産の部

```
純資産の部
  株主資本
    資本金
    資本剰余金
    利益剰余金
    自己株式
  その他の包括利益累計額
    その他有価証券評価差額金
    繰延ヘッジ損益
    土地再評価差額金
    為替換算調整勘定
    退職給付に係る調整累計額
  株式引受権
  新株予約権
  非支配株主持分
  純資産合計
```

ステップアップ⑨

連結貸借対照表における純資産の部は、資本剰余金と利益剰余金の内訳は表示されません。個別貸借対照表における純資産の部（本節図表 14_2（p. 82））と比較してみましょう。

予習ポイント③

第 22 節（pp.144-151）で学習する株主資本等変動計算書においても、個別では資本剰余金と利益剰余金の内訳が表示されますが、連結ではそれらの内訳は表示されません。

7　非支配株主持分

復習ポイント④
　連結貸借対照表は、親会社の貸借対照表と子会社の貸借対照表を合算して
ステップアップ⑩
作成されます。親会社のみが子会社の株主である場合、純資産の部に非支配株主持分は表示されません。しかし、親会社以外にも子会社の株主が存在する場合もあります。その場合、子会社の純資産のうち親会社以外の株主の保有する部分が、非支配株主持分として純資産の部に表示されます。

　たとえば、親会社の持分が 80％ である子会社が存在する場合を考えてみましょう。親会社の貸借対照表において、資産が 100 百万円、負債が 20 百万円、純資産が 80 百万円であったとします。また、子会社の貸借対照表において、資産が 50 百万円、負債が 20 百万円、純資産が 30 百万円であったとします。親会社と子会社の両方の貸借対照表をそのまま合算すると、資産 150 百万円（100 百万円＋50 百万円）、負債 40 百万円（20 百万円＋20 百万円）、純資産 110 百万円（80 百万円＋30 百万円）となります。

　ここで、子会社の純資産は 30 百万円ですが、そのうち 80％ は親会社の持分、20％ は親会社以外の株主の持分です。この親会社以外の持分である 20％ 分の 6 百万円（30 百万円×20％）が、**非支配株主持分**として純資産の部に表
ステップアップ⑪　予習ポイント④
示されます（図表 14_6）。

　ここで、連結貸借対照表における非支配株主持分以外の純資産の金額は、親会社の持分のみですので、非支配株主持分 6 百万円をのぞいた金額となることに注意する必要があります。

復習ポイント④

親会社、子会社と関連会社については、第 8 節（pp.47-49）で学習しました。

ステップアップ⑩

実際には、合算のみではなく、親会社と子会社の間にある債権や債務の相殺消去なども行われます。また、親会社がもっている子会社株式も消去されます。

ステップアップ⑪

非支配株主持分は、以前は**少数株主持分**とよばれていました。

予習ポイント④

損益計算書における非支配株主の利益については、第 18 節（pp.118-119）で学習します。

図表 14_6　連結貸借対照表における非支配株主持分

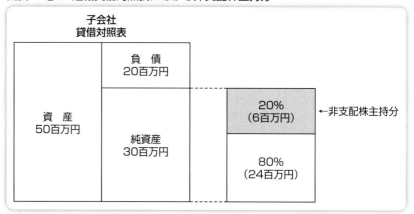

ステップアップ⑫

連結貸借対照表において、関係会社株式として表示されることもあります。なお、個別貸借対照表においては、投資有価証券ではなく関係会社株式と表示されます。
この点については、第13節図表13_1（p.76）で学習しました。

予習ポイント⑤

この点については、第17節ステップアップ②（p.107）とステップアップ③（p.108）で学習します。

トピック⑪

持分法（一行連結）

　関連会社の場合は、子会社に対するような合算は行いません。関連会社については、**持分法**という会計処理が行われます。

　連結貸借対照表においては、親会社による関連会社への投資分のみ、**投資有価証券**として連結貸借対照表に表示されます。そのため、持分法は**一行連結**ともよばれます。　ステップアップ⑫

↓ 例

> 　親会社の持分が30％の関連会社が存在し、その株式の取得原価が24百万円であった場合、24百万円が投資有価証券として連結貸借対照表に表示されます。

金額は毎年増減

↓ 例

> - ある年における関連会社の利益が10百万円であったとします。その10百万円のうち3百万円（＝10百万円×30％）は親会社の持分です。そのため、投資有価証券の金額は増え、27百万円（＝24百万円＋3百万円）となります。
> - 関連会社に利益ではなく損失が10百万円でてしまった場合、投資有価証券の金額は減り、21百万円（＝24百万円－3百万円）となります。

投資有価証券の金額の増減分は、連結損益計算書において**持分法による投資損益**として計上されます。　予習ポイント⑤

$\mathcal{P}$ 本節のポイント

✐ 純資産の部（個別貸借対照表）における4区分について、理解できましたか。

✐ 純資産の部（連結貸借対照表）における非支配株主持分という区分について、理解できましたか。

✐ 純資産の部に含まれる項目について、理解できましたか。

第6章　章末問題

1 貸借対照表に関する記述として、妥当なのはどれか。

1　貸借対照表とは、企業の経営成績を明らかにするため、すべての資産、負債および純資産を1会計期間における増減として一表にまとめたものをいう。

2　貸借対照表は、純額主義の原則により、資産の項目と負債または純資産の項目とを相殺して、その差額を記載することとされている。

3　貸借対照表の資産の分類について、決算日の翌日から起算して1年以内に現金化される資産を流動資産とし、1年を超えて現金化される資産を固定資産とする基準を、正常営業循環基準という。

4　貸借対照表の様式には、勘定式と報告式があり、勘定式の貸借対照表では、借方に資産が記載され、貸方に負債および純資産が記載される。

5　貸借対照表の資産および負債の項目の配列方法には、流動性配列法と固定性配列法とがあり、流動性配列法とは、流動性の低い資産または負債から、流動性の高い資産または負債へと上から順番に配列する方法をいう。

〔2008年度　東京都職員Ⅰ類B採用試験〕

2 負債会計に関するA〜Cの記述のうち、妥当なもののみをすべて挙げているのはどれか。

A：社債については、社債金額と異なる価額で買い入れた場合であっても、その社債金額をもって貸借対照表価額としなければならず、社債金額と買入価額との差額に相当する金額は、償還期に至るまで毎期一定の方法で逐次貸借対照表に加算しまたは貸借対照表から控除する。

B：負債は流動負債と固定負債に区別しなければならず、たとえば、引当金のうち、退職給付引当金のように通常1年を超えて使用される見込みのものは流動負債、賞与引当金のように通常1年以内に使用される見込みのものは固定負債とされる。

C：将来の特定の費用または損失であって、その発生が当期以前の事象に起因し、発生の可能性が高く、かつその金額を合理的に見積もることができる場合には、当期の負担に属する金額を当期の費用または損失として引当金に繰り入れる。

①　A
②　B
③　C
④　B、C
⑤　A、B、C

〔2005年度　国税専門官採用試験〕（一部改題）

3 A社は、20X1 年 12 月 31 日にB社株式の80％を85百万円で取得した。取得時のA社およびB社の貸借対照表は以下のとおりである。なお、B社の諸資産および諸負債の簿価は、時価と一致している。取得時におけるのれんと非支配株主持分の金額の組み合わせとして、最も適切なものを下記の解答群から選べ。

A社貸借対照表 (単位：百万円)			
諸資産	415	諸負債	150
B社株式	85	資本金	200
		利益剰余金	150
	500		500

B社貸借対照表 (単位：百万円)			
諸資産	200	諸負債	120
		資本金	40
		利益剰余金	40
	200		200

〔解答群〕

ア　のれん： 5 百万円　　　非支配株主持分： 8 百万円

イ　のれん： 5 百万円　　　非支配株主持分：16 百万円

ウ　のれん：21 百万円　　　非支配株主持分： 8 百万円

エ　のれん：21 百万円　　　非支配株主持分：16 百万円

〔2018 年度　中小企業診断士試験〕

解答　1 — 4、2 — ③、3 — エ

第 **7** 章 損益計算書

15 損益計算書とは何か

16 営業利益の計算

17 経常利益の計算

18 当期純利益と包括利益の計算

本 章 の ね ら い

　本章では、財務諸表 4 表（貸借対照表、損益計算書、キャッシュ・フロー計算書、株主資本等変動計算書）のうち、2 つ目の損益計算書について学習します。

　具体的にはまず、損益計算書の全体像と利益概念の 3 つの基本的な特長を確認します。

　そのうえで、企業の主たる営業活動による利益の計算、企業の経常的な利益の計算、当期純利益の計算、包括利益の計算の順で学習していきます。

　本章ではとくに、売上総利益、営業利益、経常利益、税引前当期純利益、当期純利益という 5 つの利益に加えて、包括利益という 6 つ目の利益の意味をつかみましょう。

15 損益計算書とは何か

本節で学習する箇所

財務諸表の種類
- 貸借対照表
- 損益計算書←本節
- キャッシュ・フロー計算書
- 株主資本等変動計算書

財務諸表には、**貸借対照表、損益計算書、キャッシュ・フロー計算書および株主資本等変動計算書**がありました。

本節では、**損益計算書**について、その全体像を学習していきます。

1 損益計算書とは何か

第3章第5節「財務諸表を読む」のケーススタディで例示しておいた財務諸表の「損益計算書」をここであらためて確認してみましょう。さあ、その損益計算書をしっかり読みとくことができるようになってください。

損益計算書とは、ある企業のある一定期間の**経営成績（業績）**を示す計算書です。損益計算書は、収益、費用という要素から構成されています。また、収益と費用の差額が、利益または損失として表示されます。**収益❶**とは、増資その他の純資産取引以外による純資産の増加要因のことをいいます。**費用❷**とは、減資その他の純資産取引以外による純資産の減少要因のことをいいます。したがって、**利益❸**とは、一定期間における（増減資その他純資産取引以外の）純資産の純増加額を、**損失❹**とは、純資産の純減少額を意味します。

復習ポイント①

財務諸表の体系については、第8節図表8_7 (p.46) で学習しました。
- ❶・Revenue
  ・Income
- ❷・Expense
  ・Cost
- ❸・Profit
  ・Income
  ・Earnings
- ❹Loss

ステップアップ①

国際会計基準においても、収益と費用、利益と損失の関係は日本基準と同じです。

2 損益計算書のしくみ

損益計算書上の、収益、費用および利益（または損失）の関係は、次のとおりです。

> 収益－費用＝利益（または損失）

たとえば、ある企業がある一定期間に商品10個を1個当たり10千円で仕入れ、その商品10個すべてを1個当たり15千円で売り上げたとします。この場合、その会計期間の売上の金額（収益）は150千円（15千円×10個）、仕入れの金額（費用）は100千円（10千円×10個）となり、その差額として利益50千円（150千円－100千円）が計算されます。

これを上記の式に当てはめると、次のようになります。

> 収益150千円－費用100千円＝利益50千円

一方、ある企業がある一定期間に商品10個を1個当たり10千円で仕入れ

たものの、その売れゆきが不調であったため、その商品10個すべてを1個当たり5千円で売り上げたとします。この場合、その会計期間の売上の金額（収益）は50千円（5千円×10個）、仕入れの金額（費用）は100千円（10千円×10個）となり、その差額として損失50千円（50千円−100千円）が計算されます。

これを上記の式に当てはめると、次のようになります。

収益50千円−費用100千円＝損失50千円

3　損益計算書の様式

損益計算書には、**勘定式**と**報告式**という2つの様式があります。勘定式は、費用と利益を左側（借方）に、収益を右側（貸方）に表示する様式です（図表15_2）。なお、利益ではなく損失が出ている場合には、費用を左側（借方）に、収益と損失を右側（貸方）に表示します（図表15_3）。一方、報告式は、収益、費用および利益（または損失）を縦に表示する様式です（図表15_1）。

なお、本章では損益計算書を報告式で説明していきます。損益計算書は、そのしくみを理解するのに報告式のほうがわかりやすいからです。

復習ポイント②

第9節（p.53）で学習したように、貸借対照表にも、勘定式と報告式という2つの様式がありました。

ステップアップ②

収益−費用＝利益の損益計算書等式を基本としています。

ステップアップ③

企業外部に報告されている損益計算書は、報告式です。そのため、報告式の損益計算書を読みとくことができるようになることが大切です。

図表15_1　報告式

損益計算書	
20×1年4月1日～20×2年3月31日	
○○株式会社	
収　益	××××
費　用	××
利益（損失）	××

図表15_2　勘定式

損益計算書			
20×1年4月1日～20×2年3月31日			
○○株式会社			
費　用	××	収　益	××××
利　益	××		

図表15_3　勘定式

損益計算書			
20×1年4月1日～20×2年3月31日			
○○株式会社			
費　用	××××	収　益	××
		損　失	××

4 損益計算書の読み方

利益概念の３つの基本的な特長

損益計算書は、企業の経営成績（業績）を読みとき、分析する場合の中心的な財務諸表です。企業の経営行動の重要な動機は、利益の追求であり、できるだけ大きな利益の獲得と、企業の維持・発展のために、懸命な努力をしています。その「利益」というものを具体的に測定し、情報化しているのは、ほかでもない、財務諸表を中心とした会計情報です。

しかし、その「利益」という概念は、現代の会計システムをしっかり理解していないと、しばしば誤解をともないます。損益計算書上、年間で10百万円の利益が計上されたということは、現金が年間で10百万円増加したことと同じでしょうか。損益計算書上では黒字なのに、日常の経営では、資金繰りがあまり楽ではないといった状況が生じるのはなぜでしょうか。

これは、「利益」という概念がどのような特長をもつものなのかについて、しっかりとした理解や整理がされていないことが原因です。利益概念の特長を正確に理解しておくことが、財務諸表を読み、経営の分析をするみなさんの分析能力を高めます。

ここで、ビジネスの世界で日常的に使用されている「利益」という概念の基本的な特長について、理解をしておきましょう。

（1）利益は、目にみえない概念（invisible concept）である。

「利益」は、「現金」とは違います。「現金10百万円」は、われわれが手に取って、目で確認することができる具体的な存在です。これに対して、「利益10百万円」は、われわれが手に取って、目で確認できる具体的なもの（visible concept）ではありません。利益は、われわれにとって、目にみえない概念（invisible concept）なのです。利益には、［利益≠現金純増加額］という特長があるのです。

（2）利益は、差額概念である。

復習ポイント③

複式簿記システムにおいて、企業の取引を分類する取引要素のうち、損益計算書に関連する要素は、収益と費用という２つの要素です。利益という概念は、複式簿記上、直接的に、測定することができないものです。利益は、必ず、収益と費用の差額により測定される概念です。

ステップアップ④

企業の**決算発表**の情報をみていると、「前期比10％増益決算」とか、「前期比5％減益決算」といったような見出しを目にします。増益（利益の増加）決算あるいは減益（利益の減少）決算は、結局、次の図表15_4で示すように、4つのパターンに整理することができます。

復習ポイント③

複式簿記システムについては、第２節（pp.16-19）で学習しました。

ステップアップ④

決算とは、一定の会計期間の収益や費用の金額をまとめて、そこから利益や損失を計算することをいいます。
決算発表では、その数値が発表されます。会計期間については、第８節（p.42）で学習しました。

図表 15_4　企業決算の４つのパターン

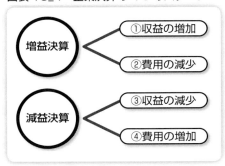

利益は、収益・費用の増加・減少により影響されるものなのです。

増益決算でも、その原因が、収益が増加することにより増益を達成したケース①の企業もあれば、収益がたとえ横ばいであっても、費用を減少させる（cost down）ことにより、増益を達成したケース②の企業もあるでしょう。

また、減益決算でも、その原因が、収益が減少することにより、減益となるケース③の企業もあれば、収益がたとえ減少しなくても、それ以上に費用が増加することにより、減益となるケース④の企業もあるでしょう。

企業の業績の変化に注目し、その原因を考えるさいには、つねに収益の側面はどのような状況なのか、また費用の側面はどのような状況なのか、その結果、利益の状況はどのような状況なのか、という観点から、損益計算書のデータを読むことが大切です。このような眼で、毎日のように報道されている企業の業績の動向を分析していれば、みなさんの「企業をみる眼」が、格段に高まることは確実です。

本書で推奨する「日経メモノート」を、おおいに活用していきましょう。

（3）利益は、１つの概念ではない。

企業の利益を考える場合、「利益は、１つの概念ではない。」ことに注意をしましょう。損益計算書では、収益と費用を、その活動別に対応させ、区分計算をしていきます。その区分計算ごとに、収益と費用の差額を利益として計算し、表示していきます。

その結果、利益は１つのみではなく、いくつかの段階的な利益概念が計算され、表示されています。すなわち、損益計算書には、売上総利益、営業利益、経常利益、税引前当期純利益、さらに当期純利益といった利益概念が計上されます。また、包括利益という利益概念もあります。

これらの利益概念は、すべて同じものではなく、それぞれが特有の意義をもつ利益数値なのです。この第３の利益概念の特長を、十分に理解しておくことが、「財務諸表を読む」という観点から、きわめて重要なポイントであることに留意をしましょう。

以下、本章において、「収益」、「費用」および「利益」という切り口により、

ステップアップ⑤

収益が横ばいというのは、収益の金額がほぼ変わらないということを意味しています。

復習ポイント④

「日経メモノート」については、第１節（pp.10-11）で学習しました。

各節を構成し、解説をしています。つねに「財務諸表を読む・活用する」という視点で、これから損益計算書の基本的なしくみを、しっかり学習していきましょう。

　以上の点は、ひじょうに重要なポイントなので、再度、利益概念の特長をかかげておきましょう。

復習ポイント⑤

国際会計基準については、第4節（pp.24-25）で学習しました。

ステップアップ⑥

特別損失については、第18節（pp.112-113）で学習します。

（1）利益は、目にみえない概念である！

（2）利益は、差額概念である！

（3）利益は、1つの概念ではない！

トピック① 異なる会計基準により異なる利益

　利益は、どの会計基準を適用しているかによって、変わってきます。2013年4月10日付の日本経済新聞では、日本基準を適用するか国際会計基準を適用するかで利益の金額が異なってくることを示した、以下の記事がみられます。

楽天の2012年12月期連結決算

日本基準	国際会計基準
売上高	売上収益
4434億円 ➡ 4004億円	
（ポイント費用などを差し引き）	
営業利益	営業利益
722億円 ➡ 500億円	
（事業再編などに伴う損失を含める）	
当期純利益	親会社の所有者に帰属する当期利益
194億円 ➡ 204億円	
（グループ会社の利益の取り扱いを変更）	
（注）カッコ内は主な相違点	

　（前略）基本的な決算の流れはどの基準も同じだが、大きな違いもある。楽天の2012年12月期決算で日本基準と国際基準（参考開示）は、売上高で1割、営業利益で3割も金額が違う。前の期の営業利益は707億円だから日本基準なら2%増益だが、単純比較では大幅減益になってしまうのだ。

　同社は前期、不採算の海外事業で損失を計上した。日本基準では特別損失だが、国際基準では「構造改革費用など特殊要因で発生する損益は営業損益に含む」（監査法人トーマツの古内和明パートナー）という決まりがある。「楽天ブックス」の売り上げ計上の手法の違いや、「楽天市場」の買い物ポイントの取り扱いの違いで、売上高も変わってくる。（後略）

出所：「決算書こう読む（7）会計ルールで異なる利益（わかる財務）」日本経済新聞2013年4月10日朝刊

本節のポイント

〃損益計算書とは何か、理解できましたか。

〃損益計算書の様式は、理解できましたか。

〃利益増減の4つのパターンを、区別することができますか。

〃利益概念の3つの特長を、理解できましたか。

16 営業利益の計算

本節で学習する箇所

売上高	×××
売上原価	×××
売上総利益	×××
販売費及び一般管理費	×××
営業利益	×××
営業外収益	×××
営業外費用	×××
経常利益	×××
特別利益	×××
特別損失	×××
税引前当期純利益	×××
法人税・住民税及び事業税	×××
法人税等調整額	×××
当期純利益	×××

（1）企業の主たる営業活動による利益（営業利益）の計算について、学習します。

（2）この利益区分には、2つの利益概念があります。売上総利益と営業利益について、学習します。

1　営業利益の計算

営業収益と営業費用

　企業の主たる営業活動により生じた収益は**営業収益**、費用は**営業費用**とよばれます。具体的には、営業収益には**売上高**があり、営業費用には**売上原価**と**販売費及び一般管理費**（略して、**販管費**ともよばれます）があります。

　売上高とは、商品、製品などの販売やサービス（役務）の提供などから生じた収益をいいます。

　営業費用の1つである売上原価は、売った商品の仕入原価、売った製品の製造原価です。たとえば、商品を仕入れて売っている会社において、ある商品を 80 千円で仕入れ、そのすべてを 100 千円で売った場合、売上高 100 千円、売上原価 80 千円になります。また、製品を自社で作ってそれを売っている会社において、ある製品を作るのに 80 千円かかり、そのすべてを 100 千円で売った場合、売上高 100 千円、売上原価 80 千円になります。

　もう1つの営業費用である販売費及び一般管理費には、さまざまな項目が含まれます。これらのなかには、企業の主たる営業活動により生じたものではあるけれども、売上との対応関係が明確にはわからない項目も含まれています。そのような項目は、それらが発生した期間の費用とされます。たとえば、ある期間の水道光熱費は、その期間の費用とされます。

予習ポイント①
売上原価の具体的な計算方法については、本節（p.101）で学習します。

ステップアップ①
この場合、売った商品を仕入れた金額がいくらか、売った製品を作った金額がいくらか、という、売上との対応関係が明確にわかります。そのため、この場合の収益（売上）と費用の関係を、**個別的・直接的な対応関係**といいます。

予習ポイント②
販売費及び一般管理費の具体的な項目については、本節（p.102）で学習します。

ステップアップ②
この場合の収益（売上）と費用との関係を、**期間的・間接的な対応関係**といいます。

**売上総利益と
営業利益**

　営業収益と営業費用の差額として、**売上総利益**と**営業利益**という2つの利益が計算されます。売上総利益とは、売上高（営業収益）マイナス売上原価（営業費用）で計算される、損益計算書上の1番目の利益です。営業利益とは、売上総利益から販売費及び一般管理費（営業費用）をマイナスした金額であり、損益計算書上の2番目の利益です。報告式の損益計算書では、以上の営業収益と営業費用、売上総利益と営業利益が最初に表示されます（図表16_1）。

図表 16_1　売上総利益と営業利益

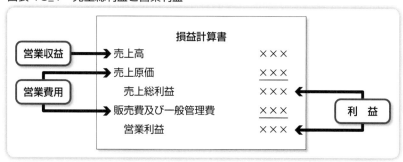

2　営業収益（売上高）

売　上　高

　企業の主たる営業活動により生じた収益が、損益計算書上の営業収益（売上高）とされます。一般的には、販売目的で所有している商品や製品の販売やサービス（役務）の提供などから生じた収益が、売上高として表示されます。^{ステップアップ③}

　売上高は一般的に、商品や製品を販売した時点で計上されます（これを、**実現主義**による**販売基準**といいます）（図表16_2）。つまり、商品や製品を販売した時点ではじめて、売上とされるわけです。^{ステップアップ④}

商品の販売やサービスの提供には、消費税がかかります。消費税の会計処理としては、**税抜方式**があります。
この場合、消費税は売上高に含めず、消費税控除後の金額を売上高とします。

代金を数回に分けて一定期間支払ってもらうような販売形態である**割賦販売**においても、代金回収の時点ではなく販売の時点で売上とされます。

図表 16_2　販売基準における売上時点

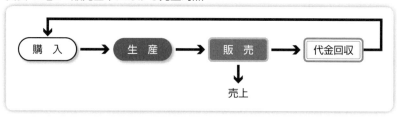

　販売のプロセスには、商品の出荷、顧客への商品の引き渡し、顧客による商品の検収がありますが、どの時点が販売とされるのかによって、いつの時点で損益計算書上の売上高とされるのかが異なります（図表16_3）。

　商品の出荷が終了した時点で売上を計上するのが**出荷基準**、顧客への商品の引き渡しが終了した時点で売上を計上するのが**着荷基準**（引渡基準）、顧客

による商品の検収が終了した時点で売上を計上するのが**検収基準**です。

図表 16_3　販売基準における具体的売上時点

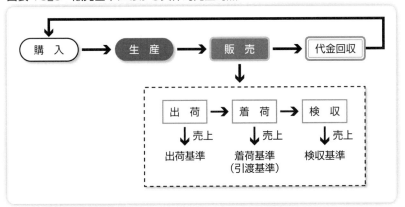

<table><tr><td>**工事契約**</td><td>　　　　建設業など長期請負工事を行う企業やソフト開発を行う企業では、いつの時点で損益計算書の売上高とするかを決</td></tr></table>

める基準として、**工事進行基準**、**原価回収基準**および**工事完成基準**という基準があります（図表 16_4）。

工事進行基準とは、ある工事が進行している途中の会計期間において、その工事の進捗度に応じて、損益計算書上の売上高を計上していくという基準です。

一方、工事の進捗度を見積もることができない場合には、原価回収基準が用いられます。原価回収基準とは、発生する費用のうち、回収することが見込まれる費用の金額を損益計算書上の売上高とする基準をいいます。

ただし、工事を完了するまでの期間が短い場合には、工事を完了した時点ですべての売上高を計上する工事完成基準を用いることができます。

ステップアップ⑤

多くの場合、工事の完成・引渡しを条件とする**契約資産**が同時に発生します。

ステップアップ⑥

これは本節 2（p.98）で学習した実現主義にもとづく販売基準を適用したものです。

図表 16_4　工事契約における売上時点

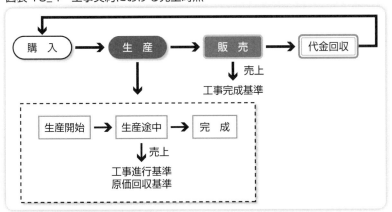

ゼネコン大手の決算 − 工事進行基準

　ゼネコン大手では、工事進行基準が用いられているようです。2019 年 5 月 16 日付の日本経済新聞では、以下の記事がみられます。

ゼネコン大手、今期最終 4 社減益
労務・資材費 上昇補えず　業績は上振れ余地も

ゼネコン大手4社の連結業績
上段は2019年3月期実績、下段は20年3月期見通し。単位億円、カッコ内は前期比増減率%。▲は減少。完成工事総利益率は単独ベース、カッコ内は前期比増減幅

	売上高	純利益	完成工事総利益率
大成建設	16,508（ 4）	1,125（▲11）	14.3（▲2.4）
	17,400（ 5）	1,030（▲9）	13.3（ ▲1）
清水建設	16,649（ 10）	996（ 17）	12.8（▲0.4）
	17,600（ 6）	950（▲5）	12.2（▲0.6）
大 林 組	20,396（ 7）	1,131（ 22）	13.5（▲0.1）
	20,300（微減）	1,100（▲3）	13.1（▲0.4）
鹿 島	19,742（ 8）	1,098（▲13）	14.1（▲2.3）
	20,400（ 3）	900（▲18）	12.4（▲1.7）

　ゼネコン（総合建設会社）大手 4 社が 15 日までに発表した 2020 年 3 月期の業績見通しは、連結純利益がそろって減益だった。20 年の東京五輪の会場整備や都市再開発などで建設需要は旺盛で、工事の受注残高は過去最高水準。大林組を除く 3 社は増収になるが、それでも労務費や資材費の高騰を補えない。（中略）

　ただし、ゼネコン大手の今期の業績見通しについて、株式市場では「慎重すぎるのではないか」との声もある。（中略）

　ゼネコン大手の決算は工事の進捗に合わせて売上高とコストを計上する「工事進行基準」だが、設計や仕様を変更するなどの追加工事は、工期の終盤に出てくることが多いため、利益の上振れ要因になりやすい。

　今期は大成建が工事を進めている新国立競技場、鹿島が請け負った三井物産本社といった大型案件の完成が予定されており、市場の期待につながっているようだ。

出所：「ゼネコン大手、今期最終 4 社減益　労務・資材費 上昇補えず　業績は上振れ余地も」日本経済新聞　2019 年 5 月 16 日朝刊

売上高の金額

　売上高については、本節（pp.98〜99）で学習したような、「いつの時点で売上とするのか」という**売上時点**の問題以外にも、「いくらを売上とするのか」という**売上金額**の問題もあります。収益に関する新しい会計基準（2021 年 4 月以降適用）により、以下の記事（抜粋）に示されているように、売上高の金額が大きく変わりました。

（前略）ポイント引当金とは、家電量販店などポイントを発行する企業が将来のポイント利用を見込んで引き当てる額。リベートとは、数量など一定の条件をクリアした販売代理店などに支払う報酬。返品調整引当金とは、返品が予想される商品について引き当てる額だ。

　これまでは、これら三つを費用に計上し、売上高を調整することはなかった。しかし新基準では、これらを売上高から控除する。（後略）

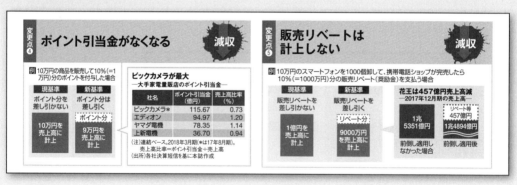

出所：「【深層リポート 売上高が変わる】会計新基準「売上高」が変わる」週刊東洋経済、2018 年 5 月 26 日、5/26 号：pp.58-61

3 営業費用（売上原価と販売費及び一般管理費）

売上原価　売上原価とは、販売された商品の仕入原価、販売された
製品の製造原価を示す費用のことをいいます。売上原価は、
その名前からもわかるように、売上に対応する原価のことで、仕入原価や製
造原価は、売上高に対応して発生した分だけが売上原価として計上されます。
この売上原価を計算する方法は次のとおりです。この式は、図表16_5の
ようにあらわすこともできます。

$$売上原価＝期首商品棚卸高＋当期商品仕入高－期末商品棚卸高$$

　期首商品棚卸高は、前期の期末に残っていた商品の在庫（これは当期に繰
り越されますので、当期の期首の商品在庫の額になります）、当期商品仕入高
は、当期中に仕入れた商品の仕入額です。期末商品棚卸高は、当期の期末に
残っている商品在庫の額です。売上原価は、期首商品棚卸高と当期商品仕入
高、そして期末商品棚卸高の情報がないと、計算できません。

　たとえば、ある企業において、期首商品棚卸高が100百万円、当期商品仕
入高が200百万円、そして期末商品棚卸高が50百万円であったとします。こ
の場合、売上原価は250百万円（100百万円＋200百万円－50百万円）とな
ります（図表16_6）。ここで注意しなくてはならないのは、売上原価はあく
までも、「売ったモノを仕入れた金額」であるため、当期商品仕入高200百万
円がそのまま売上原価となるわけではないという点です。

図表16_5　売上原価の計算

期首商品棚卸高	期末商品棚卸高
当期商品仕入高	売上原価

図表16_6　売上原価の具体的計算
（単位：百万円）

期首商品棚卸高 100	期末商品棚卸高 50
当期商品仕入高 200	売上原価 250

　上記計算式の期末商品棚卸高について、もう少し具体的に確認しましょう。
企業は商品などの棚卸資産に関して、毎日の入出庫を帳簿に記録し、期末に
残っている数量を把握しています。しかし、この数量は、あくまでも帳簿上
の数量です。そのため、企業では、期末に実際の数量を数えることにより、実
際の期末商品棚卸高を確認します。実際の商品の数が帳簿に記録されている
よりも不足している場合、その不足している商品の金額が**棚卸減耗費**（費用）
として計上されます。また、期末商品棚卸高の正味売却価額が、帳簿価額よ

ステップアップ⑦

製造原価とは、製品を作るためにかかった金額のことです。

復習ポイント①

売上との対応については、本節ステップアップ①（p.97）で学習しました。

ステップアップ⑧

より具体的には、**先入先出法**、**総平均法**、**移動平均法**などの方法があります。
これらのどの方法を用いるかによって、各会計期間における売上原価の金額がかわってきます。また、貸借対照表上の商品の金額も変わってきます。

ステップアップ⑨

たとえば、仕入れた商品を返品したような場合、その返品した商品の金額は、ここでの商品の仕入額には含まれません。

ステップアップ⑩

このように実際に数量を数える方法は、**実地棚卸**といいます。

復習ポイント②

商品評価損については、貸借対照表における商品の評価に関連して、第13節（p.77）で学習しました。

ステップアップ⑪

ほかにも、のれん償却額、支払手数料や旅費交通費などもあります。
支払手数料については、たとえば販売手数料のようなものは販売費となり、銀行手数料や税理士報酬のようなものは一般管理費となります。
旅費交通費については、販売員のものは販売費、事務員のものは一般管理費と考えられますが、実務的には、分けていないことが多いようです。

り低い場合には、その差額が**商品評価損**（費用）として計上されます。

販売費及び一般管理費

（1）販売費及び一般管理費

販売費は、販売活動を行ううえでかかった費用であり、**一般管理費**は、企業全般の管理運営を行ううえでかかった費用です。

ただし、実際には、販売費と一般管理費を明確に区分することはむずかしい場合が多いです。そのため、損益計算書上では、両方の費用をあわせて、**販売費及び一般管理費**として分類・表示しています。

たとえば、販売費及び一般管理費に計上される項目の例を示しておくと、図表16_7のとおりです。

図表16_7　販売費及び一般管理費の例

販売費
販売員給料、広告宣伝費、発送費、販売促進費、貸倒損失、貸倒引当金繰入など。
一般管理費
事務員給料、役員報酬、退職給付費用、福利厚生費、減価償却費、支払保険料、通信費、消耗品費、水道光熱費、支払家賃、修繕費、租税公課、雑費など。

トピック④

売上高とポイント

新しい「収益認識に関する会計基準」で、ポイントの会計処理も変わりました（それにともない、**契約負債**という負債が発生します）。2020年1月7日の日経クロストレンドでは、以下の記事がみられます。

新会計基準で変わるポイントの扱い

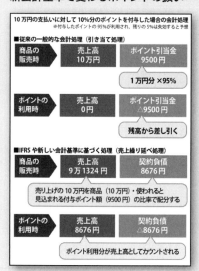

（中略）これまでは、ポイントに関する会計処理に明確なルールはなく、一般的には引当金処理が用いられてきた。発行したポイントが実際どの程度使われるかを推定したうえで、販売促進費などとして処理。期末にはその残高を「ポイント引当金」などの科目で計上しておく。ポイントが商品などに交換された場合は、その分を引当金から差し引く。（中略）

最も大きな変化は「収益（売り上げ）をいつ認識するのか」だ。ポイントの付与はもはや実質的な値引きと考えられることから、IFRSでは付与したポイントの価値を商品の価格から差し引いて売り上げを計上する。期末のポイント残高は「契約負債」として処理する。では、売り上げからずっと差し引いたままかというと、そうではない。付与したポイントが利用された時点で、その相当額を売り上げとしてカウントするのだ。売り上げ繰り延べ処理という名の通り、売り上げの時期が先送りになる。

図は企業会計基準委員会が例示している具体的な会計処理の例だ。従来の引当金処理と比べると、当初の売上高が減少。加えて、商品を販売してポイントを付与した際に、その額を売上高と契約負債に分ける必要があり、処理が複雑になることもわかるだろう。（後略）

出所：「ポイント事業に『新会計基準』の足音」日経クロストレンド2020年1月7日掲載

研究開発費 ❶

販売費及び一般管理費の１つに、研究開発費があります。日本基準では、研究開発費は費用とされます。たとえば、研究開発のために購入した機械は資産とはされず、その購入金額は費用とされます。

一方、以下の記事に示されているように、国際会計基準では、研究開発費のうち開発費について、一定の条件を満たした場合、資産とされます。

自動車や製薬といった業種では、研究開発投資の巧拙が将来成長する力を左右する。国際会計基準（IFRS）は研究開発費の一部を「会社の資産」とすることを認めている。全額を費用計上する日本基準と費用に差が生じる一因になっている。（中略）

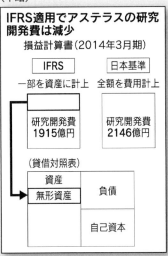

IFRS適用でアステラスの研究開発費は減少

損益計算書（2014年3月期）

IFRS で資産計上が認められるのは合理的な根拠がある場合だ。例えばアステラスはスギ花粉症向けワクチンの国内開発・販売権の契約一時金として米社に支払った約18億円を資産に計上した。価格は将来の想定売り上げ規模などを勘案して決めたものだ。

資産に計上した研究開発投資も製品販売後は一定の期間で償却するため、損益計算書上で費用が生じる。開発に失敗すれば価値を下げる「減損」として損失を出さなければならない。

資産としての評価が難しい自社単独の開発品は原則、日本基準と同じ費用とするケースが多い。（後略）

出所：「わかる国際会計基準（4）研究開発費は「資産」―― 製品発売後に費用計上」日本経済新聞2015年9月4日 朝刊

（2）減価償却費の計算方法

販売費及び一般管理費に含まれる費用の１つである減価償却費の計算方法について、確認しておきましょう。減価償却費の計算に当たっては、とくに**取得原価**と**耐用年数**の情報が必要です。取得原価とはある資産を取得するのにかかった金額、耐用年数とはその資産を使用することができる期間のことです。

減価償却費の計算方法にはいくつかの方法がありますが、ここでは、毎期、一定の金額を減価償却費として計算する**定額法**という方法を確認しておきましょう。

定額法による減価償却費の計算は、以下の式であらわされます。

減価償却費＝（取得原価－残存価額）÷耐用年数

たとえば、ある建物の取得にかかった金額が 100 百万円、その建物の耐用年数が 10 年、**残存価額**がゼロとします。その場合、その建物の毎期の減価償却費は 10 百万円（100 百万円÷10 年）となり、販売費及び一般管理費の減価償却費として、損益計算書上に表示されます。

❶ ・Research and Development Costs
・Research and Non-Capitalized Development Costs

ステップアップ⑫

国際会計基準において研究開発費は、一般管理費の下に個別の項目として示されていることが多くあります。

復習ポイント③

減価償却費については、貸借対照表における固定資産の評価に関連して、第 13 節（pp.77-78）で学習しました。

ステップアップ⑬

ほかにも、**定率法**や**生産高比例法**という方法もあります。
定率法は、固定資産の毎期末の未償却残高に一定の償却率をかけて、毎期の減価償却費を計算する方法です。
生産高比例法は、実際生産高または固定資産の利用度をもとにして、毎期の減価償却費を算定する方法です。
これらのどの方法を用いるかによって、各会計期間における減価償却費の金額が変わってきます。また、貸借対照表上の固定資産の金額も変わってきます。

ステップアップ⑭

残存価額とは、ある固定資産の耐用年数が到来した時点における、その固定資産の価値のことをいいます。
実際には、有形固定資産（建物）の償却限度額は 1 円に達するまでです。一方、無形固定資産については、ゼロになるまで償却できます。

（3）租税公課（公租公課）

　販売費及び一般管理費に含まれる費用の1つである租税公課には、国税や地方税などの税金に当たる「租税」と、国や地方公共団体などへの公的課金に当たる「公課」があります（図表16_8）。租税公課には、法人税などの税金が含まれていない点に注意が必要です。^{ステップアップ⑮}

図表 16_8　租税公課の例

租税	印紙税、登録免許税、固定資産税、自動車税、事業税など
公課	印鑑証明書などの発行手数料、公共サービスにかかる手数料、地方公共団体への会費、罰科金など

4　営業活動からの利益（売上総利益と営業利益）

売上総利益　**売上総利益**は、売上高（営業収益）から売上原価（営業費用）を差し引いて計算される、損益計算書において1番目に出てくる利益概念です。売上高は商品、製品やサービスなどの販売額を示しており、売上原価はそれら商品、製品やサービスなどの原価を示しています。そして、その差額が売買利益すなわち売上総利益です。この売上総利益は、実務上では**粗利**とよばれることもあります。売上総利益を売上高で除したものを、**売上高総利益率**または**粗利益率**といいます。

　たとえば売上高が100百万円、売上原価が70百万円であった場合、売上総利益は30百万円（100百万円−70百万円）となり、売上高総利益率は30％（30百万円÷100百万円×100）となります（図表16_9）。

　売上高総利益率は、業種や取扱商品ごとに違いがあるのが一般的です。

営業利益　**営業利益**は、売上総利益から販売費及び一般管理費（営業費用）を差し引いて計算される、損益計算書において2番目に出てくる利益概念です。この営業利益は、営業収益と営業費用の結果として生じた金額です。営業利益を売上高で除したものを**売上高営業利益率**といいます。これは、企業の本業による収益性を判定する経営指標となり、これが高ければ高いほど、その企業の本業による収益力が高いといえます。

　上記の売上総利益30百万円の例で、販売費及び一般管理費が10百万円であった場合、営業利益は20百万円（30百万円−10百万円）、売上高営業利益率は20％（20百万円÷100百万円×100）となります（図表16_9）。

ステップアップ⑮

とくに事業税については、会社の資本金や支払った給与などに課税された部分が「租税公課」として計上されますが、会社が稼いだ利益に課税された部分は「法人税、住民税及び事業税」として、税引前当期純利益の次に計上されます。法人税、住民税及び事業税については、第18節（pp.113-114）で学習します。

ステップアップ⑯

たとえば罰金などが、罰科金に含まれます。

予習ポイント③

売上高総利益率については、第25節（pp.171-172）で学習します。

予習ポイント④

収益性分析については、第23節（p.155）で学習します。

図表 16_9　売上総利益と営業利益の計算

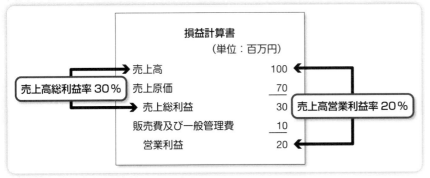

国際会計基準の損益計算書の
フォーマットについては、現
在議論が行われているところ
です。そのため、将来的に変
わる可能性があります。

トピック⑥

国際会計基準における損益計算書 ステップアップ⑰

　国際会計基準では、日本基準による損益計算書のように、明確なフォーマットが決まっていません。そのため、国際会計基準による損益計算書では、本節で学習したような利益区分や利益が、必ずしもみられるとはかぎりません。また逆に、企業独自の利益が表示されていることもありますので、注意してよむ必要があります。

　なお、本節で学習した売上高、売上原価、販売費及び一般管理費については、国際会計基準の損益計算書においても、この順番通りに並んでいることがほとんどです。

　本節で学習した主要な項目の英語は、たとえば以下のとおりです。
- 売上高：Sales・Revenue
- 売上原価：Cost of Sales
- 販売費及び一般管理費：Selling, General and Administrative Expenses
- 売上総利益：Gross Profit
- 営業利益：Operating Profit・Operating Income

■国際会計基準による損益計算書をよむコツ
●英語は多様ですので、基本ワードを押さえて、たとえば「Cost of Products Sold という用語をみたら Cost of Sales」、「Selling Expenses や General Administrative Expenses という用語をみたら Selling, General and Administrative Expenses」というように、自分なりに考えて応用してみるのがコツです。
●国際会計基準の損益計算書において、上記の利益は表示されていることもあれば、表示されていないこともあります。表示されていない場合は、売上高、売上原価、販売費及び一般管理費を特定し、自分で計算してみるとよいでしょう。

本節のポイント

🖋営業収益（売上高）の意義および計上時点を、理解できましたか。

🖋営業費用（売上原価・販売費及び一般管理費）の意義およびそのなかみを、理解できましたか。

🖋営業活動からの利益には、売上総利益と営業利益があることを、理解できましたか。

🖋売上総利益と営業利益が第1および第2の利益概念であることを、理解できましたか。

17 経常利益の計算

本節で学習する箇所

売上高	×××
売上原価	×××
売上総利益	×××
販売費及び一般管理費	×××
営業利益	×××
営業外収益	×××
営業外費用	×××
経常利益	×××
特別利益	×××
特別損失	×××
税引前当期純利益	×××
法人税・住民税及び事業税	×××
法人税等調整額	×××
当期純利益	×××

（1）企業の経常的な利益（経常利益）の計算について学習します。

（2）企業の資金調達および資金運用にともなう損益（営業外損益）を学習します。

1　経常利益の計算

　第16節で学習したように、主たる営業活動から得た企業の収益を営業収益といい、費用を営業費用といいます。

　このほか主たる営業活動ではないものの、企業が毎年行っている活動があります。たとえば、企業は主たる営業活動をささえるため、営業活動に必要な資金を調達したり、保有している資金を運用したりします。このような資金の調達または運用にともない生じた収益は**営業外収益**、費用は**営業外費用**とよばれます。

　営業外収益とは、本来の営業活動以外の活動から生じる収益で、かつ、経常的に発生するものをいいます。一方、**営業外費用**とは、本来の営業活動以外の活動から生じる費用で、かつ、経常的に発生するものをいいます。

　営業利益に、営業外収益をプラスし営業外費用をマイナスして、**経常利益**を計算します。営業収益・営業費用も営業外収益・営業外費用も、経常的に発生するものです。そのため、それらの結果としての経常利益は、企業が毎年経常的に行う、営業活動および営業外活動から生じる利益ということになります。

　報告式の損益計算書では、まず、営業収益（売上高）と営業費用（売上原

価・販売費及び一般管理費）、売上総利益と営業利益が最初に表示されました。営業外収益、営業外費用、経常利益はそのあとに表示されます（図表17_1）。

図表 17_1　経常利益

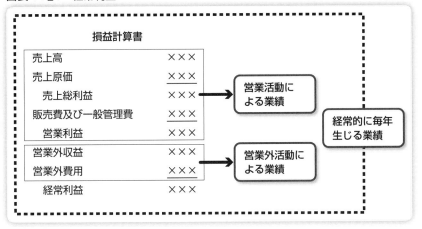

2　営業外収益

　営業外収益とは、本来の営業活動以外の活動から生じる収益で、かつ、経常的に発生するものをいいます。たとえば、受取利息や受取配当金といった、資金の運用にともなう収益がこれに該当します（ステップアップ①）（図表17_2）。

図表 17_2　営業外収益の例（ステップアップ②）

受取利息	預金、国債、社債などからの利息や貸付金からの利息。
受取配当金	所有している株式からの配当金。
有価証券売却益	貸借対照表の流動資産の部に計上した有価証券の売却益。（復習ポイント①）
有価証券評価益	貸借対照表の流動資産の部に計上した、時価で評価される有価証券の評価益。（復習ポイント②）
仕入割引	掛けで仕入れた商品の代金を、支払予定日より早く支払った場合の割引額。
為替差益 かわせさえき	外貨建債権債務の決済差益および換算差益。

3　営業外費用

　営業外費用とは、本来の営業活動以外の活動から生じる費用で、かつ、経常的に発生するものをいいます。たとえば、支払利息や社債利息といった、企業の資金調達にともなう費用がこれに該当します（図表17_3）。

ステップアップ①

ただし、業種や営業目的などによって、営業収益と営業外収益の範囲は異なってきます。たとえば、受取利息は一般企業では営業外収益ですが、金融機関などでは営業収益となります。

復習ポイント①

有価証券の表示区分と表示名については、第10章図表10_11（p.62）で学習しました。

復習ポイント②

有価証券の評価については、第13節図表13_1（p.76）で学習しました。

ステップアップ②

連結損益計算書では、**持分法による投資損益**（**持分法による投資利益**）が計上されることもあります。第14節トピック⑪（p.88）を確認しましょう。
なお、持分法は英語で、Equity Methodといいます。国際会計基準における英語はさまざまですが、持分法による投資損益については、この用語を探してみるとよいでしょう。

ステップアップ③

連結損益計算書では、**持分法による投資損益（持分法による投資損失）**が計上されることもあります。第 14 節トピック⑪ (p.88) を確認しましょう。

復習ポイント③

有価証券の表示区分と表示名については、第 10 章図表 10_11 (p.62) で学習しました。

復習ポイント④

有価証券の評価については、第 13 節図表 13_1 (p.76) で学習しました。

復習ポイント⑤

その他有価証券の**部分純資産直入法**については、第 14 節ステップアップ⑤ (p.84) で学習しました。

復習ポイント⑥

繰延資産については、第 11 節 (p.69) で学習しました。また、その償却については、第 13 節 ステップアップ ⑧ (p.78) で学習しました。

ステップアップ④

国際会計基準では、経常利益はありません。それは、第 18 節 (pp.111-112) で学習する特別利益や特別損失がないからです。

図表 17_3　営業外費用の例

支払利息	借入金にともなう利息。
社債利息	社債にともなう利息。
有価証券売却損	貸借対照表の流動資産の部に計上した有価証券の売却損。
有価証券評価損	貸借対照表の流動資産の部に計上した、時価で評価される有価証券の評価損。
投資有価証券評価損	その他有価証券について、部分純資産直入法が採用された場合の評価損。
繰延資産償却	繰延資産の償却費。
為替差損	外貨建債権債務の決済差損および換算差損。

4　経常利益

　営業利益が計算されたあとに、営業外収益と営業外費用を加減し、経常利益を計算します。

　たとえば、営業利益が 20 百万円、営業外収益が 5 百万円、営業外費用が 10 百万円であった場合、経常利益は 15 百万円（20 百万円＋5 百万円－10 百万円）となります（図表 17_4）。

　ここまで、売上総利益、営業利益そして経常利益という 3 つの利益がありました。それぞれの利益概念にはそれぞれ異なる意味があり、その意味を的確に知っておく必要があります。

　本節で学習した**経常利益**は、企業の経常的な活動にともなう業績をあらわす利益である点に意義があります。この経常利益は、主たる営業活動にともなう業績と営業外活動（資金の調達・運用）にともなう業績に区分されます。

図表 17_4　経常利益の計算

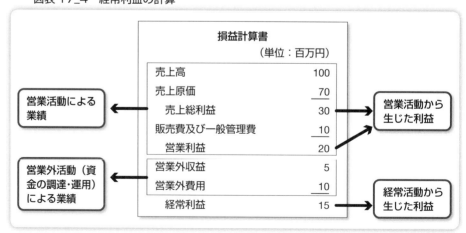

為替差益と為替差損

為替差益と為替差損がどのようなものなのかについて、確認しておきましょう。

■為替差益

たとえば、ある企業が売掛金を 100 ドルもっていたとしましょう。

また、その売掛金に関するレートが以下のとおりであったとしましょう。

・取引日のレート：1 ドル 106 円
・取引日のあとの決算日のレート：1 ドル 107 円
・決済日のレート：1 ドル 108 円

売掛金 100 ドルを円に換算した金額。

・取引日：10,600 円
・取引日のあとの決算日：10,700 円
・決済日：10,800 円

> 取引日と決算日を比べると、売掛金が 100 円増加しています。また、決算日と決済日を比べると、売掛金が 100 円増加しています。この売掛金（資産）の増加分が、為替差益となります。

■為替差損

たとえば、ある企業が買掛金を 100 ドルもっていたとしましょう。

また、その買掛金に関するレートが以下のとおりであったとしましょう。

・取引日のレート：1 ドル 106 円
・取引日のあとの決算日のレート：1 ドル 107 円
・決済日のレート：1 ドル 108 円

買掛金 100 ドルを円に換算した金額。

・取引日：10,600 円
・取引日のあとの決算日：10,700 円
・決済日：10,800 円

> 取引日と決算日を比べると、買掛金が 100 円増加しています。また、決算日と決済日を比べると、買掛金が 100 円増加しています。この買掛金（負債）の増加分が、為替差損となります。

「財務諸表を読む・活用する」という視点からも、損益計算書のこのしくみを理解しておくことが重要です。

本節のポイント

🖊経常利益の計算について、理解できましたか。

🖊経常利益は、営業活動と営業外活動にともなう業績であることを、理解できましたか。

🖊営業外収益と営業外費用として計上される項目を、理解できましたか。

18 当期純利益と包括利益の計算

本節で学習する箇所

売上高	×××
売上原価	×××
売上総利益	×××
販売費及び一般管理費	×××
営業利益	×××
営業外収益	×××
営業外費用	×××
経常利益	×××
特別利益	×××
特別損失	×××
税引前当期純利益	×××
法人税・住民税及び事業税	×××
法人税等調整額	×××
当期純利益	×××

（1）税引前当期純利益と当期純利益の計算について、学習をします。

（2）特別利益および特別損失について、学習します。

（3）法人税等の税金の処理や税効果会計のしくみについて、学習します。

（4）連結損益計算書において、当期純利益より下に表示される利益である包括利益について、学習します。

当期純利益より下の利益「包括利益」

1　税引前当期純利益の計算

税引前当期純利益の計算

　企業では、毎期経常的に行われるわけではない、特別な活動が行われたり、特別な事象が生じたりすることがあります。このような経常的ではない特別な活動や事象により生じるのが**特別利益**と**特別損失**です（これらは**特別損益項目**といわれます）。特別損益項目は、その活動や事象に関する収益と費用をそれぞれ記載する総額表示ではなく、収益と費用の差額のみを記載する純額表示で記載します。ステップアップ①

　経常利益に特別利益をプラスし特別損失をマイナスして、**税引前当期純利益**を計算します。この税引前当期純利益は、当期に発生したすべての収益に、当期に発生したすべての費用を加減して算出された利益です。

　つまり、税引前当期純利益は、当期に発生したすべての活動や事象の結果としての、その年度の利益（当期の利益）ということになります。この当期の利益は、税金などを控除する前の利益であり、**税引前当期純利益**とよばれています。

　報告式の損益計算書では、まず、営業収益（売上高）と営業費用（売上原価・販売費及び一般管理費）、売上総利益と営業利益が表示され、次に、営業外収益、営業外費用、経常利益が表示されました。特別利益、特別損失、お

ステップアップ①

「特別損益」は、「利益・損失」という用語でよばれていますが、前節までに学習した損益計算書上の利益概念とはちがいます。
利益概念ではないにもかかわらず、特別利益（特別損失）とよばれているのは、特別損益は、経常的な活動によるものではないので、総額表示せずに、純額表示しているからです。

❶・Profit for the Year
・Income before Income Taxes
・Profit before Income Taxes

よび税引前当期純利益はそのあとに表示されます（図表18_1）。

図表 18_1　税引前当期純利益

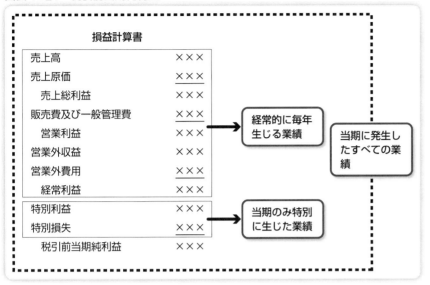

特別利益　**特別利益**には、特別な活動や事象により生じる、経常的ではない項目が含まれます（図表18_2）。

図表 18_2　特別利益の例

固定資産売却益	固定資産を売却したさいに生じる売却益。
投資有価証券売却益	満期保有目的の債券やその他有価証券を売却したさいに生じる売却益。復習ポイント①
負ののれん発生益	M&A が行われたときに生じる、のれんの反対のもの。復習ポイント②

復習ポイント①

満期保有目的の債券とその他有価証券については、第 10 節図表 10_10（p.62）で学習しました。

復習ポイント②

M&A が行われたときに生じる、のれんについては、第 11 節（pp.66-67）で学習しました。

ここで、負ののれん発生益について確認しておきましょう。たとえば、A 社が 90 百万円支払って B 社の株式の 100％ を取得したとします。そして、B 社の資産（時価）は 200 百万円、負債（時価）は 100 百万円、純資産（時価）

図表 18_3　負ののれん発生益

負ののれん発生益と利益

　以下の記事では、負ののれん発生益が発生するような M&A を行うことにより、利益の金額を増加させていたケースが取り上げられています。なお、これは国際会計基準を採用している会社のケースになります。国際会計基準では特別利益や特別損失がありませんので、負ののれん発生益は特別利益とはなりません。そのため、負ののれん発生益の金額は、営業利益を押し上げることとなります。

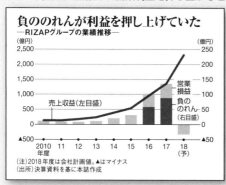

　（前略）これまでライザップは、主に経営不振の赤字企業をターゲットとし、その企業の純資産額を下回る金額で買収を行ってきた。結果、買収額と純資産との差額を負ののれん（割安購入益）として営業利益に計上。17 年度は営業利益の約 6 割を負ののれんが占めた。18 年度も営業利益の半分程度を見込んでいたが、買収凍結により、103 億円の下方修正要因となる。（後略）

出所：「ニュース深掘り　始まった逆回転　買収戦略は行き詰まり　解体不可避の RIZAP」週刊東洋経済、2018 年 12 月 1 日、12/1 号：pp.104-105

ステップアップ②

国際会計基準では、特別損益項目（特別利益や特別損失）はありません。経常的ではない活動や事象により生じたものであったとしても、とくに区別しないということです。

は 100 百万円であったとします。この場合、A 社が支払った 90 百万円が B 社の純資産（時価）100 百万円を下回る分の 10 百万円が、負ののれん発生益となります（図表 18_3）。

特別損失

　特別損失には、特別な活動や事象により生じる、経常的ではない項目が含まれます（図表 18_4）。

図表 18_4　特別損失の例

固定資産売却損	固定資産を売却したさいに生じる売却損。
固定資産除却損	固定資産を除却処分したさいに生じる処分損。
投資有価証券売却損	その他有価証券や満期保有目的の債券を売却したさいに生じる売却損。
投資有価証券評価損	時価が著しく下落し、その回復があると認められない有価証券の評価損。
災害損失	火災・地震などの災害による損失。
減損損失	固定資産の減損による損失。

復習ポイント③

減損損失の具体的な計算方法については、第 13 節（pp.78-79）で学習しました。

税引前当期純利益

　経常利益が計算されたあとに、特別利益と特別損失を加減し、税引前当期純利益を計算します。

　たとえば、経常利益が 15 百万円、特別利益が 3 百万円、特別損失が 8 百万円であった場合、税引前当期純利益は 10 百万円（15 百万円 + 3 百万円 - 8 百万円）となります（図表 18_5）。

図表 18_5　税引前当期純利益の計算

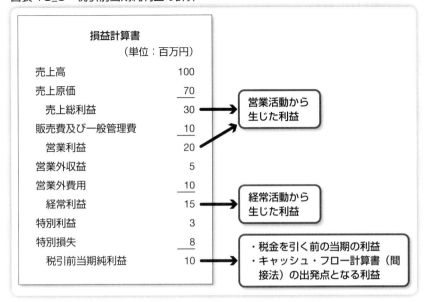

この税引前当期純利益は、キャッシュ・フロー計算書（間接法）との関係で重要な利益です。税引前当期純利益は、キャッシュ・フロー計算書（間接法）の出発点となる利益です。そのため、税引前当期純利益が存在しなければ、キャッシュ・フロー計算書（間接法）が作成できません。

予習ポイント①

キャッシュ・フロー計算書（間接法）については、第20節（pp.128-130）で学習します。

2　当期純利益の計算

当期純利益の計算　税引前当期純利益から「**法人税、住民税及び事業税**」を控除し、**法人税等調整額**を加減して、**当期純利益**を計算します。報告式の損益計算書では、まず、営業収益（売上高）と営業費用（売上原価・販売費及び一般管理費）、売上総利益と営業利益が表示され、次に、営業外収益、営業外費用、経常利益、さらに特別利益、特別損失、税引前当期純利益が表示されました。「法人税、住民税及び事業税」、法人税等調整額、当期純利益は、そのあとに表示されます（図表 18_6）。

法人税、住民税及び事業税　企業の法人税は、企業の利益に関連する金額に対して課税される税金です。また住民税や事業税にも、企業の利益に関連する金額に対して課税される税金の部分が含まれています。そのため、住民税や事業税の一部を法人税に加えて、「法人税、住民税及び事業税」として、税引前当期純利益から控除します。また、この税金等を**法人税等❸**と一括してよぶ場合もあります。

ステップアップ③

国際会計基準を採用している会社の損益計算書では、当期純利益について、当期利益や純利益と表示されていることもあります。

❷ ・Net Income
　・Profit for the year

ステップアップ④

売上総利益、営業利益、経常利益、税引前当期純利益、当期純利益について損失が出ている場合には、それぞれの利益という用語が損失に変わります。

❸ ・Income Taxes
　・Corporate Income Taxes
　・Income Tax Expense
　・Provision for Income Taxes

図表 18_6　当期純利益

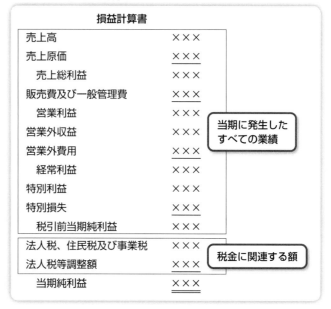

損益計算書	
売上高	×××
売上原価	×××
売上総利益	×××
販売費及び一般管理費	×××
営業利益	×××
営業外収益	×××
営業外費用	×××
経常利益	×××
特別利益	×××
特別損失	×××
税引前当期純利益	×××
法人税、住民税及び事業税	×××
法人税等調整額	×××
当期純利益	×××

当期に発生した
すべての業績

税金に関連する額

復習ポイント④

益金・損金と収益・費用の関係については、第6節（pp.34-35）で学習しました。

ステップアップ⑤

企業会計における収益・費用と税法における益金・損金の差異には、それらをいつ収益や益金または費用や損金とするのかという時点のずれによる差異に加えて、資産や負債の額に企業会計と税法とで違いがある場合の差異があります。

ステップアップ⑥

ここで学習するのは、時点のずれによる差異です。時点のずれによる差異は、**永久差異**と**一時差異**とに区別されます。税効果会計の対象となるのは一時差異のみです。

永久差異は、時間が経過しても永久に解消されない差異のことです。たとえば、受取配当金や交際費があります。

一時差異は、企業会計上の収益・費用と税法上の益金・損金の認識時点が一時的に異なることから生じます。ただし、その差異はいずれ解消されます。

たとえば、減価償却費や貸倒引当金繰入額は企業会計上の費用ですが、税法上、ある期間においてその全額が損金とされない場合があります。損金とされなかった分は、次期以降に損金とされることとなります。そのため、この差異は一時的なものであり、いずれなくなることとなります。なお、費用のうち損金とされる分のことを**損金算入限度額**といいます。

法人税等調整額

復習ポイント④

企業会計における利益は、「収益－費用」として計算されます。一方、税法における課税所得は、「益金（えききん）－損金（そんきん）」として計算されます。益金は収益、損金は費用とよく似ていますが、差異もあります。たとえば、費用にはなるけれども損金にはならない部分があるなどです。そのため、課税所得と利益の間にも差異が生じることとなりますステップアップ⑤。その差異を調整するのが**税効果会計**であり、損益計算書においてその差異の調整結果は、**法人税等調整額**として表示されます。

税効果会計のしくみについて、図表 18_7 の数値を用いて、確認しましょうステップアップ⑥。①は企業会計の金額です。税引前当期純利益 10,000 千円に法定実効税率30％をかけて算出された 3,000 千円が、企業会計の視点からみた税金の金額です。

一方、②は税法の金額です。課税所得 12,000 千円に法定実効税率 30％をかけて算出された 3,600 千円が、税法における税金の金額（法人税等）になります。

③は、税効果会計を適用しない場合の損益計算書です。税引前当期純利益 10,000 千円は企業会計の数値ですが、法人税等 3,600 千円は税法の数値であるため、それを控除した当期純利益 6,400 千円は、企業会計の数値であるとは言い切れません。つまり、企業会計という視点からみた場合、税引前当期純利益、法人税等、当期純利益はそれぞれ、対応していないということになります。

それらを対応させるために、税効果会計を適用する必要があります。④が、税効果会計を適用した場合の損益計算書です。法人税等 3,600 千円から法人税等調整額△600 千円が控除されることにより、企業会計上の税金 3,000 千

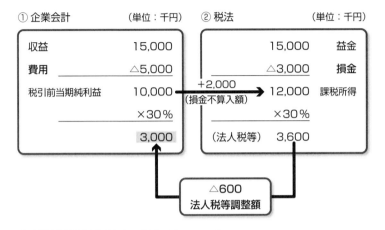

(1) 企業会計上、売掛金に対して貸倒引当金繰入額（費用）5,000 千円を計上した。
　　税法上の損金（損金算入限度額）は 3,000 千円、損金不算入額は 2,000 千円であった。 ステップアップ⑦

(2) 収益と益金は 15,000 千円であり、上記以外の費用や損金はなかったものとする。

(3) 法定実効税率は 30％とする。

① 企業会計　　　　　　（単位：千円）　　② 税法　　　　　　　　（単位：千円）

収益	15,000		15,000	益金
費用	△5,000		△3,000	損金
税引前当期純利益	10,000	+2,000（損金不算入額）→	12,000	課税所得
	×30％		×30％	
	3,000		3,600	（法人税等）

△600
法人税等調整額

③ 税効果会計を適用しない場合（単位：千円）

税引前当期純利益	10,000	
法人税等	3,600	← (10,000+2,000)×30％
当期純利益	6,400	

税引前当期純利益　損金不算入額
(10,000+2,000)×30％
課税所得

④ 税効果会計を適用した場合（単位：千円）

税引前当期純利益	10,000	
法人税等	3,600	← (10,000+2,000)×30％
法人税等調整額	△600	← 2,000×30％
当期純利益	7,000	

損金不算入額

3,000
（税引前当期純利益の
30％）

円が算出されます。ここで、税引前当期純利益の数値と企業会計上の税金の数値は対応することになります。その結果、企業会計という視点からみた場合、税引前当期純利益、（法人税等調整額を調整したあとの）法人税等、当期純利益はそれぞれ、対応することとなります。

　なお、このように法人税等調整額がマイナスである場合、貸借対照表では**繰延税金資産**が計上されます。逆に、法人税等調整額がプラスとなる場合もあります。この場合、貸借対照表では**繰延税金負債**が計上されます。 復習ポイント⑤

当期純利益　　　　　　税引前当期純利益から「法人税、住民税及び事業税」を控除し、法人税等調整額を加減することで当期純利益が計算されます。**当期純利益**は、企業が一定期間活動した結果の最終的な利益を示したものです。当期純損益や最終損益などといわれることもあります。

　たとえば、法人税等が 3.6 百万円、法人税等調整額が△ 0.6 百万円であっ

ステップアップ⑦

企業会計上は費用とされるけれども税法上は損金とされないことを、**損金不算入**といいます。ここで、損金とされない金額のことを**損金不算入額**といいます。

復習ポイント⑤

繰延税金資産については第 10 節ステップアップ⑦ (p.60) で学習しました。繰延税金負債については、第 12 節ステップアップ⑤ (p.72) で学習しました。

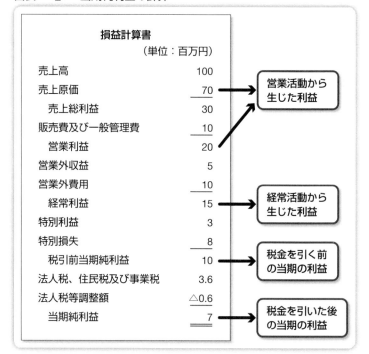

図表 18_8　当期純利益の計算

損益計算書	(単位：百万円)
売上高	100
売上原価	70
売上総利益	30
販売費及び一般管理費	10
営業利益	20
営業外収益	5
営業外費用	10
経常利益	15
特別利益	3
特別損失	8
税引前当期純利益	10
法人税、住民税及び事業税	3.6
法人税等調整額	△0.6
当期純利益	7

営業活動から生じた利益

経常活動から生じた利益

税金を引く前の当期の利益

税金を引いた後の当期の利益

ステップアップ⑧

国際会計基準の損益計算書では、当期純利益の下に**非継続事業**（Discontinued Operations）という区分が表示されていることがあります。
その区分には、**非継続事業からの当期純利益（損失）**の金額が示されます（これは、税引後のものになります）。その場合、当期純利益は、**継続事業からの当期純利益（損失）**と表示されます。
非継続事業とは、たとえば、すでに処分された事業や売却目的でもっている事業のことです。
日本基準では、このような非継続事業の区分はありません。

ステップアップ⑨

国際会計基準にも包括利益があります。
❹ Comprehensive Income
❺ Other Comprehensive Income

復習ポイント⑥

個別貸借対照表では評価・換算差額等の区分（第14節（pp.84-85））、連結貸借対照表ではその他の包括利益累計額の区分（第14節（p.86））に表示されることを、学習しました。

ステップアップ⑩

ほかにも、**持分法適用会社に対する持分相当額**という項目もあります。この項目は、関連会社におけるその他の包括利益のうち、親会社の持分です。

ステップアップ⑪

その他の包括利益に含まれる項目は、税の影響をのぞいた金額で表示されることがほとんどです。

た場合、当期純利益は 7 百万円（10 百万円 − 3.6 百万円 ＋ 0.6 百万円）となります（図表 18_8）。

　以上で、損益計算書の全体図がまとめられたことになります。さまざまな取引による収益や費用の項目が、どの区分に計上されるものであるのか、また各段階の利益概念が、それぞれどのような意味をもっているのかを、しっかり理解しましょう。

3　包括利益の計算―連結損益計算書

包括利益の計算　　連結損益計算書には、当期純利益より下に、もう 1 つの利益があります。それが、**包括利益**です。包括利益は、当期純利益に**その他の包括利益**を加減して計算します。その他の包括利益には、**その他有価証券評価差額金**など、資産や負債の取得原価と時価との評価差額が含まれます。そのため、その他の包括利益はプラスになる場合もあればマイナスになる場合もあります。

　連結貸借対照表とのつながりで考えると、純資産の区分のなかのその他の包括利益累計額に含まれる項目が、その他の包括利益に含まれる項目でもあります（図表 18_9）。

2 つの表示方式　　連結損益計算書には、2 つの表示方式があります。**1 計算書方式**と**2 計算書方式**とよばれるものです（図表 18_10）。

　1 計算書方式は、当期純利益までの損益計算書と同じ計算書のなかで、包

図表 18_9 連結貸借対照表と連結損益計算書のつながり

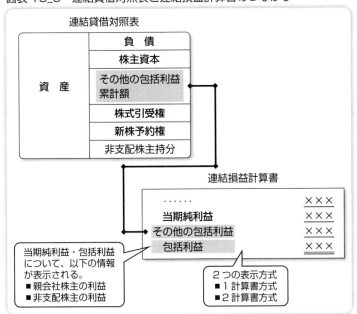

2計算書方式を採用している
会社が多いようです。

国際会計基準にも、1計算書
方式と2計算書方式がありま
す。

括利益を表示する方式です。これを、**連結損益及び包括利益計算書**といいます。2計算書方式は、当期純利益までの損益計算書と分けて、包括利益を表示する方式です。この場合、当期純利益までの損益計算書を**連結損益計算書**、包括利益を表示する計算書を**連結包括利益計算書**[6]といいます。連結包括利益計算書では、当期純利益から表示がはじまります。なお本書では、これらの名前を分けずに、すべて連結損益計算書とよんでいます。

❻ Statement of Compre-
hensive Income

連結の損益計算書では、税引
前当期純利益のことを**税金等
調整前当期純利益**とよんでい
ます。

図表 18_10 1計算書方式と2計算書方式

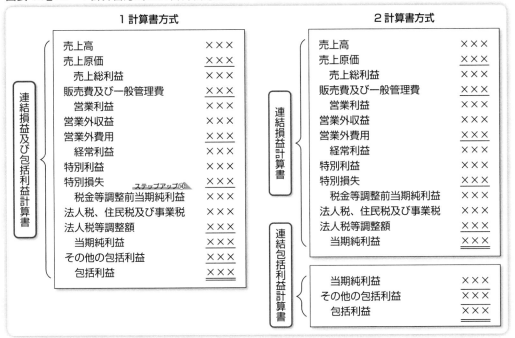

連結貸借対照表における**非支配株主持分**については、第14節（p.87）で学習しました。

復習ポイント⑧

連結貸借対照表が、親会社の貸借対照表と子会社の貸借対照表を合算して作成されるのと同様です（第14節（p.87））。

一方、関連会社の場合は、子会社に対するような合算は行いません。貸借対照表における関連会社の会計処理方法については第14節トピック⑪（p.88）、損益計算書における関連会社の会計処理方法については第17節ステップアップ②（p.107）とステップアップ③（p.108）で学習しました。

| 親会社株主の利益と |
| 非支配株主の利益 |

連結損益計算書では、当期純利益と包括利益について、非支配株主の利益と親会社株主の利益とに分けて表示されます。

たとえば、親会社の持分が80％の子会社が存在する場合を考えてみましょう。親会社の当期純利益が5,000百万円、子会社の当期純利益が1,000百万円であったとします。親会社と子会社の損益計算書を合算すると、当期純利益6,000百万円となります（連結損益計算書は、親会社の損益計算書と子会社の損益計算書を合算して作成されます）。

ここで、子会社の当期純利益1,000百万円のうち、800百万円（1,000百万円×80％）は親会社株主の利益、200百万円（1,000百万円×20％）は親会社以外の株主の利益です。つまり、合算後の当期純利益6,000百万円のうち、5,800百万円（5,000百万円＋800百万円）が親会社株主の利益、200百万円が非支配株主の利益ということになります（図表18_11）。

図表18_11　連結損益計算書における非支配株主の利益

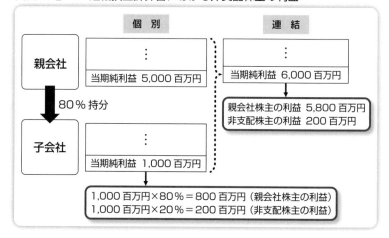

親会社株主の利益と非支配株主の利益は、図表18_12のように表示されます。たとえば1計算書方式をみると、当期純利益6,000百万円の内訳として、親会社株主に帰属する当期純利益5,800百万円と非支配株主に帰属する当期純利益200百万円が示されています。包括利益についても、同じように内訳が示されています。

このように内訳で示されることがほとんどですが、2計算書方式の当期純利益についてのみ、当期純利益6,000百万円から非支配株主に帰属する当期純利益200百万円を控除し、親会社株主に帰属する当期純利益5,800百万円が算出される表示形式になっています。

ステップアップ⑮

国際会計基準では、すべて、このような内訳の形式で示されます。

❼ Attributable to Non-controlling Interests

❽ ・Attributable to Owners of the Parent
・Attributable to 親会社名

図表 18_12　親会社株主の利益と非支配株主の利益の表示　　　　　　（単位：百万円）

1 計算書方式		2 計算書方式	
連結損益及び包括利益計算書		連結損益計算書	
売上高	×××	売上高	×××
（省略）		（省略）	
当期純利益	6,000	当期純利益	6,000
（内訳）		非支配株主に帰属する当期純利益	200
親会社株主に帰属する当期純利益	5,800	親会社株主に帰属する当期純利益	5,800
非支配株主に帰属する当期純利益	200		
		連結包括利益計算書	
その他の包括利益：			
その他有価証券評価差額金	700	当期純利益	6,000
持分法適用会社に対する持分相当額	△100	その他の包括利益：	
その他の包括利益合計	600	その他有価証券評価差額金	700
包括利益	6,600	持分法適用会社に対する持分相当額	△100
（内訳）		その他の包括利益合計	600
親会社株主に係る包括利益	6,380	包括利益	6,600
非支配株主に係る包括利益	220	（内訳）	
		親会社株主に係る包括利益	6,380
		非支配株主に係る包括利益	220

本節のポイント

📝税引前当期純利益と当期純利益の計算を、理解できましたか。

📝税効果会計の基本的な考え方を、理解できましたか。

📝損益計算書の全体的な様式を、理解できましたか。

📝連結損益計算書の包括利益について、理解できましたか。

📝さまざまな収益項目や費用項目が、損益計算のどの区分に計上されるか、理解できましたか。

📝段階的な各利益概念の、それぞれの意味を理解できましたか。

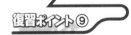

復習ポイント⑨

本節ステップアップ⑩(p.116)
で学習しました。

1 次の説明文のうち、経常利益の減少要因となるものの個数を選びなさい。

ア．借入金に対して支払う利息の発生

イ．土地の売却により生じる損失の発生

ウ．売買目的有価証券の売却による損失の発生

エ．その他有価証券の売却による損失の発生

オ．持分法の適用により生じる損失の発生

① 1つ　② 2つ　③ 3つ　④ 4つ　⑤ 5つ

〔2017年3月（第20回）ビジネス会計検定試験2級〕

2 下記の資料から算出した法人税等調整額として、正しいものは次のうちどれですか。なお、期首において繰延税金資産および繰延税金負債はないものとする。

減価償却費の損金算入限度超過額	1,600 千円
貸倒引当金の損金算入限度超過額	2,400 千円
受取配当金の益金不算入額	200 千円
交際費の損金算入限度超過額	1,000 千円
法定実効税率	30％

(1)　　480 千円　　(2)　　720 千円　　(3)　1,200 千円

(4)　1,560 千円　　(5)　3,000 千円

〔2016年6月（第134回）銀行業務検定試験　財務3級〕（一部改題）

3 損益計算に関する次の記述のうち、妥当なのはどれか。

1　損益計算書で報告される項目のうち、経常利益は売上総利益から販売費及び一般管理費を差し引いて計算され、たとえ、売上総利益が多くても、販売費及び一般管理費が多くなれば経常利益は少なくなる。このため、経常利益は主たる業務における経営の効率性を示す指標であるということができる。

2　特別利益には受取利息や有価証券利息等が含まれ、特別損失には固定資産売却損や災害による損失等が含まれる。また、これらの損益を経常利益から加除することで、税引前利益を算出する。

3　連結財務諸表においては、包括利益を表示することが義務づけられている。包括利益の表示方法は2計算書方式と1計算書方式があるが、後者が用いられる場合、計算書の最下部には当期純利益ではなく、包括利益を表示しなければならない。

〔2017年度　国税専門官採用試験／財務専門官採用試験〕（一部改題）

解答　1―③（ア、ウ、オ）、2―(3)、3―3

第**8**章 キャッシュ・フロー計算書

本 章 の ね ら い

　本章では、財務諸表4表（貸借対照表、損益計算書、キャッシュ・フロー計算書、株主資本等変動計算書）のうち、3つ目のキャッシュ・フロー計算書について学習します。

　具体的にはまず、キャッシュ・フロー計算書の全体像を確認したうえで、キャッシュ・フローと企業経営との関係を学習します。

　次に、キャッシュ・フロー計算書の3区分、すなわち、営業活動によるキャッシュ・フロー、投資活動によるキャッシュ・フロー、財務活動によるキャッシュ・フローについて、学習していきます。

　また、営業活動によるキャッシュ・フローに認められている2つの表示方法についても学習します。

19 キャッシュ・フロー計算書とは何か

本節で学習する箇所

キャッシュ（現金及び現金同等物）の収支とその原因について示すキャッシュ・フロー計算書を学習します。

```
キャッシュ・フロー計算書
```

「キャッシュ」（現金及び現金同等物）	負 債
その他の資産	純資産

貸借対照表（前期末）

「キャッシュ」（現金及び現金同等物）	負 債
その他の資産	純資産

貸借対照表（当期末）

1 キャッシュ・フロー計算書とは何か

　第3章第5節「財務諸表を読む」のケーススタディで例示しておいた財務諸表の「キャッシュ・フロー計算書」をここであらためて確認してみましょう。さあ、そのキャッシュ・フロー計算書をしっかり読みとくことができるようになってください。

キャッシュ・フロー計算書とは　キャッシュ・フロー計算書とは、ある企業のある一定期間における**キャッシュ・フロー**を示す計算書です。具体的には、ある期間に、どのような原因で、どれだけの収入や支出があったかを表示します。わが国で制度化されたのは比較的最近のことですが、現在では、貸借対照表や損益計算書と並ぶ主要な財務諸表として位置づけられています。また、キャッシュ・フロー計算書には、複式簿記のシステムから直接、作成される計算書ではなく、貸借対照表や損益計算書のデータをキャッシュの観点から修正して作成されるという特徴があります。

「キャッシュ」の範囲　英語で"Cash"といえば現金のことですが、キャッシュ・フロー計算書におけるキャッシュは、「現金及び現金同等物（cash and cash equivalent）」を意味し、現金以外のものも含みます。ここで、「現金」とは手許現金と要求払預金（当座預金、普通預金など）をさします。「現金同等物」とは、容易に換金可能であり、かつ価値の変動について僅少なリスクしか負わない短期投資のことで、たとえば、取得日から満期日または償還日までの期間が3か月以内の短期投資である定期預金等が含まれます。キャッシュの範囲をまとめると図表19_1のとおりになります。

ステップアップ①
日本では1999年4月1日以降に開始する事業年度から連結キャッシュ・フロー計算書の作成が始まりました。

復習ポイント①
財務諸表の体系については、第8節図表8_7（p.46）で学習しました。

ステップアップ②
国際会計基準においても、キャッシュの定義はこれと同様です。

図表 19_1　現金及び現金同等物

現金	手許現金、要求払預金（当座預金、普通預金、通知預金など）
現金同等物	取得日から満期日または償還日までの期間が 3 か月以内の短期投資である定期預金、譲渡性預金、コマーシャル・ペーパー、公社債投資信託など

　現金同等物は、いずれも換金性の高さやリスクの低さという点で現金に近い性質をもっています。これに対し、株式等の有価証券は価格変動リスクが高いためキャッシュの範囲には含まれません。

2　キャッシュ・フロー計算書のしくみ

　収入、支出およびキャッシュの増加額（または減少額）の関係は、以下のとおりです。

> 収入 − 支出 ＝ キャッシュの増加額（または減少額）

　たとえば、ある期間に次の 2 つの取引を行った場合を考えてみましょう。キャッシュの期首残高は 15 千円であったとします。
　① 　商品 10 千円を仕入れ、代金は全額現金で支払った。
　② 　その商品を 20 千円で売り上げ、代金のうち 12 千円は現金で受け取り、残りの 8 千円は売掛金とした。
　この会計期間における収入は 12 千円、支出は 10 千円であり、その差額 2 千円（12 千円 − 10 千円）だけキャッシュが増加します。なお、売掛金 8 千円は、将来、現金で回収された時点で収入になります。結果として、キャッシュの期末残高は 17 千円（15 千円 ＋ 2 千円）になります。

　また、別のある期間に次の 2 つの取引を行った場合を考えてみましょう。キャッシュの期首残高は、同じく 15 千円とします。
　① 　商品 10 千円を仕入れ、代金は全額現金で支払った。
　② 　その商品を 20 千円で売り上げ、代金のうち 5 千円は現金で受け取り、残りの 15 千円は売掛金とした。
　この会計期間における収入は 5 千円、支出は 10 千円であり、差額の 5 千円（5 千円 − 10 千円）だけキャッシュが減少します。結果として、キャッシュの期末残高は 10 千円（15 千円 − 5 千円）になります。

3　キャッシュ・フロー計算書の様式

キャッシュ・フローの3区分　先に述べたように、キャッシュ・フロー計算書とは、ある期間に、どのような原因で、どれだけのキャッシュ・フローがあったかを示す計算書です。しかし、企業が行う活動

ステップアップ③

その他、キャッシュ・フロー計算書に表示される項目として、以下のようなものがあります。なお、②と③は連結キャッシュ・フロー計算書にのみ表示されます。

① 現金及び現金同等物に係る換算差額

ドルやユーロなど外貨建ての現金及び現金同等物の為替相場が変動した場合の換算差額が表示されます。

② 新規連結に伴う現金及び現金同等物の増加額

非連結子会社を新たに連結した場合、その子会社が保有していた現金及び現金同等物が表示されます。

③ 連結除外に伴う現金及び現金同等物の減少額

連結子会社を新たに非連結子会社とした場合、その子会社が保有していた現金及び現金同等物が表示されます。

キャッシュ・フロー計算書全体のひな型は、第21節図表21_6（p.140）で学習します。

はひじょうに複雑で、キャッシュ・フローが発生する原因も多岐にわたります。そこで、キャッシュ・フロー計算書では、企業が行う経済活動を大きく①営業活動、②投資活動、③財務活動の3つに分類したうえで、それぞれの活動から生じるキャッシュ・フローを区分して表示します。

キャッシュ・フロー計算書の枠組み　キャッシュ・フロー計算書の全体の枠組みは図表19_2のとおりです。先に述べたように、キャッシュ・フローを3つに区分し、それぞれの金額を表示します。それらを合計して当期におけるキャッシュの正味増加額を求め、キャッシュの期首残高とあわせて、キャッシュの期末残高を求めます。

図表 19_2　キャッシュ・フロー計算書の枠組み

キャッシュ・フロー計算書 20X1年4月1日～20X2年3月31日 ○○株式会社	
営業活動によるキャッシュ・フロー	×××
投資活動によるキャッシュ・フロー	×××
財務活動によるキャッシュ・フロー	×××
現金及び現金同等物の増減額（△は減少）	×××
現金及び現金同等物の期首残高	×××
現金及び現金同等物の期末残高	×××

4　キャッシュ・フロー計算書の読み方

利益とキャッシュ・フロー　損益計算書には、売上高などの収益、売上原価や販売費及び一般管理費などの費用、それに企業の最終的な「もうけ」である当期純利益が記載されています。また、収益や費用をいくつかに区分することで、商品・製品の利幅を示す売上総利益、本業の利益である営業利益、当期の業績を反映する経常利益などが表示されています。このため、損益計算書によって企業の収益力（利益をうみだす力）をさまざまな角度から分析することができるのです。

ところで、当期純利益が示す意味については、少し注意が必要です。たとえば、当期純利益の欄に10百万円と書いてあると、つい「現金が10百万円増えた」と思ってしまいがちですが、そうではありません。当期純利益の金額は、その金額だけ現金が増加したことを意味するわけではないのです。

発生主義会計では、将来の現金収入（現金支出）を予想して、当期の収益（費用）を計上したり、逆に、過去の現金収入（現金支出）にもとづいて、当期の収益（費用）を計上したりします。このため、利益の額と同じだけ現金が増加したとはかぎりません。つまり、利益と現金収支のタイミングに「ずれ」がある場合、損益計算書では、現金収支の状況を知ることはできないの

復習ポイント②

損益計算書とその詳細な区分については、第15～第18節（pp.92-120）で学習しました。

予習ポイント①

当期純利益の金額は、株主資本の増加要因になります。両者の関係については、第22節（p.145）で学習します。

です。

キャッシュ・フロー情報のもつ意味

キャッシュ・フローの情報には、当期純利益とは別の、何か重要な意味があるのでしょうか。じつは、企業が倒産する危険性がどれだけあるかを判断する場合には、損益計算書の利益や損失ではなく、キャッシュの収支や残高が重要な意味をもつのです。たとえば、約束手形を振り出した場合を考えてみましょう。手形の支払期日が到来したとき、代金の支払いに必要な資金が不足していれば、手形は不渡りとなってしまいます。そして、手形の不渡りは、多くの場合倒産の引き金となります。このとき、損益計算書の利益や損失は直接関係ありません。したがって、キャッシュの収支や残高の状況について、企業の利害関係者は高い関心をもっているといえます。

キャッシュ・フローと企業経営

（1）資金繰りと黒字倒産

手形や借入金などの債務を支払うためには、支払手段となる資金が十分に確保されていなければなりません。支払いに必要な資金が不足すれば、損益計算書上では黒字だったとしても倒産することがあります。これを「黒字倒産」とよびますが、決して珍しいことではありません。

このような黒字倒産を未然にふせぎ、企業を存続させるためには、資金の収支や残高、すなわち資金繰りの状況をきちんと把握し、管理していくことが必要です。多くの企業では、「資金繰り表」とよばれる表を作成し、資金繰りの管理に利用しています。

（2）キャッシュ・リッチ

資金繰りに苦心する企業がある一方で、巨額のキャッシュを保有している企業もあります。キャッシュ（またはキャッシュから有利子負債を差し引いたネット・キャッシュ）を潤沢に保有している企業は、「キャッシュ・リッチ企業」とよばれます。キャッシュ・リッチ企業にとって資金繰りの問題は無縁ですが、だからといって経営上の問題がないわけではありません。第1に、保有するキャッシュをどのように活用するかという問題があります。キャッシュはそれ自体では収益をほとんどうみださないので、過剰なキャッシュは資本効率の低下につながるおそれがあります。第2に、キャッシュ・リッチ企業は買収のターゲットになりやすいという問題があります。とくに、キャッシュ・リッチ企業が株式市場で割安に評価されている場合、買収する側にとっては魅力的な対象となります。いずれにせよ、過剰なキャッシュは、収益性の高い事業への投資、合併や買収などといった形で活用するか、配当や自社株買いにより株主へ還元することが求められます。

予習ポイント②

企業の倒産の危険性を判断する安全性分析については、第24節（pp.161-169）で学習します。

復習ポイント③

手形については、第10節（p.58）で学習しました。

ステップアップ④

6か月以内に2回、手形の不渡りが生じると、手形を振り出した企業は、銀行取引停止処分を受け、当座取引や借入れができなくなります。銀行取引停止処分を受けると、その企業の信用が著しく低下するため、多くの場合、倒産につながります。

黒字倒産

トピック①

2017年9月25日付の日本経済新聞では、東京商工リサーチの調査によれば、2016年に倒産した544社のうち半数以上が最終決算で黒字を計上していた（すなわち黒字倒産）であったことが紹介されています。記事では、黒字倒産の原因として、売掛金の回収の遅れ、過剰在庫、資本金不足などがあることが指摘されています。

出所：「中小、忍び寄る資金ショート、スタートアップが手助け——黒字倒産、昨年は過半」日本経済新聞2017年9月25日朝刊

キャッシュ・リッチ企業

　2020年4月9日付の日本経済新聞では、任天堂が2019年12月末現在、8,500億円強の現金預金を有する一方で、有利子負債はゼロであることが紹介されています。ゲーム業界では新作の売れ行きの見極めが難しく、仮に新作が不振でも次世代の研究開発費などを確保するために手厚いキャッシュをもち続けていると解説されています。

出所：「逆風下の決算ここがポイント②現預金手厚く、有事の流出に備え」日本経済新聞　2020年4月9日朝刊

キャッシュ・フロー計算書からみる事業の現金創出力

　企業の業績を示す指標として、近年、キャッシュ・フローに注目が集まっています。利益に比べてキャッシュ・フローの方が、より客観的な指標であること、設備投資や株主配分の原資としてのキャッシュの重要性に関心が高まったことなどが、その背景にあると考えられます。2017年10月19日付の日本経済新聞によれば、ソニーが事業の現金創出力に焦点を当てた独自のキャッシュ・フロー計算書の開示をはじめました。借入金などによる資金の増減を算入しないことで、より実態を厳しくとらえ、無駄な投資を削減することがねらいであると解説されています。

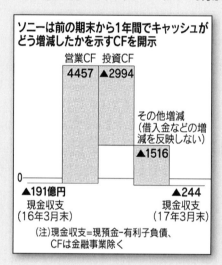

出所：「現金収支重視、IRで発信　ソニー、最高益へ『決意』」日本経済新聞　2017年10月19日朝刊

📖 本節のポイント

✏️ キャッシュ・フローと利益の違いについて、理解できましたか。

✏️ キャッシュ・フローと企業経営との関係について、理解できましたか。

✏️ キャッシュ・フロー計算書のしくみについて、理解できましたか。

20 営業キャッシュ・フロー

キャッシュ・フローは、営業活動、投資活動および財務活動という3つに区分されることは前節で学びました。本節では、営業活動によるキャッシュ・フローについて学習します。

1 営業活動によるキャッシュ・フローとは何か

　営業活動によるキャッシュ・フロー❶とは、会社の本業に関連する経済活動から生じるキャッシュ・フローのことです。損益計算書では売上高、売上原価、販売費及び一般管理費に区分される取引に関連する収入や支出がそれに当たります。おもな項目には、商品の販売による収入、商品や原材料の仕入れにともなう支出、従業員や役員に支払った報酬の支出、その他営業費用の支出などがあります。また、営業活動に関連する債権・債務から生じるキャッシュ・フローも営業活動によるキャッシュ・フローの区分で表示するものとされています。

　そのほか、投資活動および財務活動以外の取引によるキャッシュ・フローや、法人税や住民税等に関連するキャッシュ・フローも営業活動によるキャッシュ・フローの区分で表示されます。

2 営業活動によるキャッシュ・フローの表示方法とそのしくみ

　営業活動によるキャッシュ・フローの表示方法には、直接法と間接法の2つの方法が認められています。どちらを採用するかは企業が選択できますが、継続適用が条件になっています。

（1）直接法

　直接法とは、商品の販売、商品や原材料の仕入れ、営業費支出など、主要な取引ごとに収入や支出を総額で表示する方法です。直接法は、主要な活動の収入や支出が総額で表示されるため、どのような原因で、どれだけの収入や支出があったかが把握しやすいという特長があります。ただし、直接法を

---

❶ ・Cash Flows from Operating Activities
　・Cash Used in Operating Activities
　・Cash Provided by Operating Activities

復習ポイント①

損益計算書における売上高、売上原価、販売費及び一般管理費の区分については、第16節（pp.97-105）で学習しました。

ステップアップ①

実際に公表されるキャッシュ・フロー計算書では、ほぼすべての企業で間接法が採用されています。

ステップアップ②

国際会計基準では、直接法を用いて営業活動によるキャッシュ・フローを報告することが推奨されています。直接法は、将来キャッシュ・フローを見積もるうえで有用な、かつ、間接法では得られない情報を提供するとされているためです。

適用する場合には主要な取引ごとにキャッシュ・フローに対するデータを用意しなければならず、手数を要するという短所があります。

(2) 間接法

間接法とは、税引前当期純利益をキャッシュの観点から調整して、営業活動によるキャッシュ・フローを導き出す方法です。当期純利益とキャッシュ・フローの違いを生じさせる項目が列挙されますので、両者の関係が明示されるという特長があります。おもな調整項目をまとめると図表20_1のようになります。

図表20_1　調整項目

損益計算書項目の調整	非資金的費用項目	減価償却費、引当金の増減額
	営業活動区分以外の活動による損益項目	有形固定資産売却損益、投資有価証券売却損益等
	利息・配当金	受取利息、受取配当金、支払利息
貸借対照表項目の調整	営業活動にかかわる資産・負債	売上債権の増減額、仕入債務の増減額、棚卸資産の増減額

減価償却費や引当金繰入額は、損益計算書では費用に計上されますが、キャッシュが支出されるわけではありません。このような項目を非資金的費用項目とよびます。営業活動によるキャッシュ・フローの計算では、これらの項目は税引前当期純利益に加算します。有価証券売却益等については、営業活動による収益ではないため、税引前当期純利益から減算します（有価証券売却損等は加算項目になります）。受取利息や受取配当金は、損益計算書に計上された金額を税引前当期純利益からいったん減算したのち、実際の収入額をふたたび加算します。逆に、支払利息は、損益計算書に計上された金額を加算したのち、実際の支払額を減算します。

営業活動にかかわる流動資産・流動負債の項目の増減も、調整項目となります。貸借対照表を資金的な観点からみると、資産は資金の運用形態を、負債・純資産は資金の調達源泉をあらわします。したがって、営業活動にかかわる資産の増加は、同じ額だけキャッシュが減少したことを意味します。このため、資産である売上債権や棚卸資産の増加額は、税引前当期純利益から減算します。逆に、営業活動にかかわる負債の増加はキャッシュが増加したことを意味します。仕入債務は負債なので、その増加額は加算項目になります。

復習ポイント②

税引前当期純利益は、連結財務諸表では「税金等調整前当期純利益」という名称になることを第18節図表18_10（p.117）で学習しました。

復習ポイント③

貸借対照表を、資金の運用形態と調達源泉とみる見方については、第9節（pp.52-55）で学習しました。

3 **キャッシュ・フロー計算書の様式―営業活動によるキャッシュ・フロー**

営業活動による
キャッシュ・フローの様式

(1) 直接法

　営業キャッシュ・フローを直接法で表示する場合の標準的な様式は図表20_2のとおりです。まず、営業収入から、原材料または商品の仕入支出、人件費支出およびその他の営業支出を差し引いて小計を求めます。次に、利息及び配当金の受取額を加え、利息の支払額と法人税等の支払額を差し引いて、営業活動によるキャッシュ・フローを算出します。

図表20_2　直接法による営業活動キャッシュ・フロー

キャッシュ・フロー計算書（直接法）	
営業活動によるキャッシュ・フロー	
営業収入	×××
原材料または商品の仕入支出	△×××
人件費支出	△×××
その他の営業支出	△×××
小計	×××
利息及び配当金の受取額	×××
利息の支払額	△×××
法人税等の支払額	△×××
営業活動によるキャッシュ・フロー	×××

(2) 間接法

　営業キャッシュ・フローを間接法で表示する場合の標準的な様式は図表20_3のとおりです。税引前当期純利益に、非資金的費用項目（減価償却費や貸倒引当金の増加額）、営業活動以外の活動による損益（有形固定資産売却損益、投資有価証券売却損益など）、受取利息及び受取配当金、支払利息、流動資産・負債（売上債権、棚卸資産および仕入債務）の増減額などを調整し、小計を求めます。次に、利息及び配当金の受取額を加え、利息の支払額や法人税等の支払額を差し引いて、営業キャッシュ・フローを求めます。

図表 20_3　間接法による営業活動キャッシュ・フロー

キャッシュ・フロー計算書（間接法）

営業活動によるキャッシュ・フロー

税引前当期純利益	××××
減価償却費	××××
貸倒引当金の増減額（△は減少）	××××
受取利息及び受取配当金	△××××
支払利息	××××
有形固定資産売却益	△××××
投資有価証券売却損	××××
売上債権の増減額（△は増加）	△××××
棚卸資産の増減額（△は増加）	△××××
仕入債務の増減額（△は減少）	××××
小計	××××
利息及び配当金の受取額	××××
利息の支払額	△××××
法人税等の支払額	△××××
営業活動によるキャッシュ・フロー	××××

利息および配当金に関連する キャッシュ・フローの取り扱い

実際のキャッシュ・フロー計算書では、多くの企業で（1）の方法が採用されています。

　利息および配当金に関連するキャッシュ・フローについては、図表 20_4 に示すように 2 とおりの分類方法が認められています。どちらの方法を採用するかは企業が選択できますが、毎期継続して適用することになっています。本書では、（1）の方法で表示する場合のみを示しています。

図表 20_4　利息および配当金の分類方法

	（1）	（2）
受取利息	営業活動によるキャッシュ・フロー	投資活動による キャッシュ・フロー
受取配当金		
支払利息	財務活動によるキャッシュ・フロー	財務活動による キャッシュ・フロー
支払配当金		

　以下の資料にもとづき、営業活動によるキャッシュ・フローを直接法と間接法で作成してみましょう。

復習ポイント④

《資料》

当期中の取引

<table>
<tr><td colspan="3">貸借対照表（単位：百万円）</td><td colspan="2">損益計算書（単位：百万円）</td></tr>
<tr><td></td><td>前期末</td><td>当期末</td><td></td><td>当期</td></tr>
<tr><td>現金預金</td><td>50</td><td>110</td><td>売上高</td><td>760</td></tr>
<tr><td>売掛金</td><td>120</td><td>150</td><td>売上原価</td><td>510</td></tr>
<tr><td>　貸倒引当金</td><td>△10</td><td>△20</td><td>　売上総利益</td><td>250</td></tr>
<tr><td>有価証券</td><td>30</td><td>30</td><td>販売費及び一般管理費</td><td></td></tr>
<tr><td>商品</td><td>140</td><td>170</td><td>　貸倒引当金繰入</td><td>10</td></tr>
<tr><td>備品</td><td>300</td><td>390</td><td>　減価償却費</td><td>30</td></tr>
<tr><td>　減価償却累計額</td><td>△30</td><td>△60</td><td>　給料</td><td>70</td></tr>
<tr><td>投資有価証券</td><td>90</td><td>60</td><td>　広告宣伝費</td><td>10</td></tr>
<tr><td>資産合計</td><td>690</td><td>830</td><td></td><td>120</td></tr>
<tr><td></td><td></td><td></td><td>　営業利益</td><td>130</td></tr>
<tr><td>買掛金</td><td>150</td><td>190</td><td>営業外費用</td><td></td></tr>
<tr><td>借入金</td><td>90</td><td>150</td><td>　支払利息</td><td>30</td></tr>
<tr><td>未払利息</td><td>10</td><td>20</td><td>　経常利益</td><td>100</td></tr>
<tr><td>未払法人税等</td><td>20</td><td>10</td><td>特別損失</td><td></td></tr>
<tr><td>資本金</td><td>250</td><td>250</td><td>　投資有価証券売却損</td><td>10</td></tr>
<tr><td>資本剰余金</td><td>110</td><td>110</td><td>　税引前当期純利益</td><td>90</td></tr>
<tr><td>利益剰余金</td><td>60</td><td>100</td><td>　法人税等</td><td>40</td></tr>
<tr><td>負債・純資産合計</td><td>690</td><td>830</td><td>　当期純利益</td><td>50</td></tr>
</table>

1.　事務用パソコン（備品）を 90 百万円で現金で購入した。

2.　A 社社債（投資有価証券）を 30 百万円で現金で購入した。

3.　B 社株式（投資有価証券、簿価 60 百万円）を 50 百万円で売却した。代金は現金で受け取った。

4.　銀行から長期借入金として 60 百万円を借り入れた。

5.　配当金 10 百万円を、小切手を振り出して支払った。

復習ポイント④

この資料の貸借対照表と損益計算書は、いずれも報告式という形式で表示されています。報告式と勘定式の違いについては第 9 節（p.53）と第 15 節（p.93）で学習しました。

直接法による 表示　直接法では、収入や支出の金額は、損益計算書における収益や費用の項目を貸借対照表項目の前年度からの変化額で修正して算出します。それでは、おもな項目を求めてみましょう。

① 営業収入

> 売上高（760百万円）－売上債権の増加額30百万円＝営業収入（730百万円）

営業収入とは、売上高などの営業収益にともなう収入です。売上高は商品が販売された時点で計上されるため、商品の代金が現金で回収される時点とは必ずしも一致しません。たとえば、売上債権（受取手形および売掛金）が増加した場合、売上高と比較して営業収入は少なくなります。

復習ポイント⑤

このことを実現主義といいます。実現主義については、第16節（pp.98-99）で学習しました。

② 原材料または商品の仕入れによる支出

> 売上原価（510百万円）－仕入債務の増加額（40百万円）
> ＋棚卸資産の増加額（30百万円）＝原材料または商品の仕入支出（500百万円）

原材料または商品の仕入れの時点と、売上原価が計上される時点は、必ずしも一致しません。仕入債務（支払手形および買掛金）が増加した場合、売上原価と比較して仕入れによる支出は少なくなります。逆に、棚卸資産（原材料や商品の在庫）が増加した場合には、仕入れによる支出は多くなります。

③ 利息および法人税に関する支出

> 支払利息（30百万円）－未払利息の増加額（10百万円）
> ＝利息の支払額（20百万円）

> 前期末未払法人税等（20百万円）＋法人税等（40百万円）
> －当期末未払法人税等（10百万円）＝法人税等の支払額（50百万円）

利息に関する支出は、損益計算書上の支払利息に比べ、未払利息の増加分だけ少なくなります。法人税に関する支出は、未払法人税等が減少している分、法人税等より多くなります。当期の法人税等の支払額は、次のように算出されます。

当期法人税等支払額＝前期末B/S残高＋当期P/L計上高－当期末B/S残高

この練習問題における営業活動によるキャッシュ・フローを直接法で表示すると、図表20_5のようになります。

図表20_5　直接法による営業活動キャッシュ・フローの計算

キャッシュ・フロー計算書（直接法）（単位：百万円）	
営業活動によるキャッシュ・フロー	
営業収入	730
原材料または商品の仕入支出	△500
人件費支出	△70
その他の営業支出	△10
小計	150
利息の支払額	△20
法人税等の支払額	△50
営業活動によるキャッシュ・フロー	80

間接法による表示

　次に、間接法で営業活動によるキャッシュ・フローを表示してみましょう。おもな調整項目は以下のとおりです。

① 減価償却費

減価償却費（30百万円）はキャッシュの支出をともなわない非資金的費用項目なので、加算項目になります。

② 貸倒引当金の増加額

貸倒引当金の増加額（10百万円）も、キャッシュの支出をともなわない非資金的費用項目なので、加算項目になります。

③ 支払利息

支払利息については、損益計算書における金額（30百万円）をいったん加算し、小計欄以下で、利息の支払額（20百万円）を減算します。

④ 売上債権、棚卸資産および仕入債務の増加額

売上債権の増加額（30百万円）や棚卸資産の増加額（30百万円）は、その分だけ収入が減少（支出は増加）するため減算項目となります。仕入債務の増加額（40百万円）は加算項目になります。 **復習ポイント⑥**

⑤ 投資有価証券売却損

投資有価証券売却損（10百万円）は、営業活動に区分される損益ではないので、加算項目として利益に足しもどします。

⑥ 法人税等の支払額

法人税等に関する支払額（50百万円）は減算項目です。小計欄以下で差し引きます。

　この練習問題における営業活動によるキャッシュ・フローを間接法で表示すると、次の図表20_6のようになります。

復習ポイント⑥

営業活動にかかわる流動資産・流動負債の増減額については、本節（p.128）で学習しました。

図表 20_6　間接法による営業活動キャッシュ・フローの計算

キャッシュ・フロー計算書（間接法）（単位：百万円）	
営業活動によるキャッシュ・フロー	
税引前当期純利益	90
減価償却費	30
貸倒引当金の増減額（△は減少）	10
支払利息	30
投資有価証券売却損	10
売上債権の増減額（△は増加）	△30
棚卸資産の増減額（△は増加）	△30
仕入債務の増減額（△は減少）	40
小計	150
利息の支払額	△20
法人税等の支払額	△50
営業活動によるキャッシュ・フロー	80

5　営業キャッシュ・フローの読み方

営業キャッシュ・フローと資金繰り　　営業活動によるキャッシュ・フローは、設備投資、株主への配当、さらには債務の返済などの原資になります。営業キャッシュ・フローがある程度の黒字になっていることが、企業活動を順調にすすめていくための条件といえます。逆に、営業キャッシュ・フローが赤字であれば、資金繰りの悪化から、事業の継続がむずかしくなることがあります。このような場合、外部から運転資金を調達するなどして資金を確保しなければならないこともあります。損益計算書で利益が計上されていても、営業キャッシュ・フローの赤字が数年間連続している場合には、財務状況の悪化が疑われます。

営業キャッシュ・フローの赤字

　2009 年 4 月 20 日付の日本経済新聞では、黒字倒産の予兆を見抜くための手段として、営業キャッシュ・フローに注目しています。たとえば 2008 年 8 月に経営破綻したアーバンコーポレイションでは、直前の連結決算で 311 億円の当期純利益を計上していたにもかかわらず、営業キャッシュ・フローは 1,000 億円を超える巨額の赤字でした。記事では、同社が 5 期連続で損益計算書では利益を計上しながら、営業キャッシュ・フローはマイナスが続いていたことを指摘し、不足資金を借入金に頼る経営が続いていたとみられると解説しています。

出所：「『黒字倒産』の予兆はある？営業キャッシュフロー注目」日本経済新聞 2009 年 4 月 20 日朝刊

キャッシュ・コンバージョン・サイクル

企業は、営業循環とよばれるプロセスをたえずくり返しています。製造業であれば、原材料の仕入れにはじまり、製品の生産、製品の販売、代金の回収にいたる一連の流れが営業循環です。過剰な在庫をかかえたり、売掛金の回収に時間がかかったりすると、営業循環に要する時間が長期化してしまいます。そうなると、成長のための投資や株主配分に支障をきたすことになりかねません。

そのような観点から、近年、注目を集めている指標の1つにキャッシュ・コンバージョン・サイクルがあります。キャッシュ・コンバージョン・サイクルとは、仕入代金を支払ってから、売上の代金を回収するまでの平均日数のことで、具体的には、棚卸資産回転日数に売上債権回転日数を加え、仕入債務回転日数を差し引いて計算します。なお、回転日数とは1日当たりの売上高（または売上原価）で割り算した値のことです。

キャッシュ・コンバージョン・サイクルの短縮は、新たなキャッシュをうみだしたのと同じ効果があります。

予習ポイント①

回転日数（回転期間）については、第25節（pp.183-186）で学習します。

トピック⑤

キャッシュ・コンバージョン・サイクル（CCC）

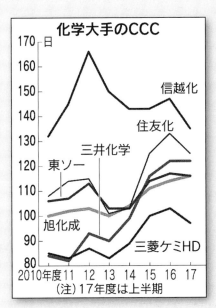

化学大手のCCC

2017年12月7日付の日本経済新聞によれば、市況の改善や在庫の抑制により化学業界の大手企業の資金回収期間が短縮していることが紹介されています。グラフをみると多くの企業でキャッシュ・コンバージョン・サイクルが短くなっていることがわかります。三井化学では、事業ごとに適正な在庫水準を見積もるしくみの運用をはじめたことで、キャッシュ・コンバージョン・サイクルの長期化に歯止めをかけることができました。

出所：「化学大手、資金回収長期化に歯止め」日本経済新聞　2017年12月7日朝刊

本節のポイント

🖊営業キャッシュ・フローの範囲について、理解できましたか。

🖊営業キャッシュ・フローの区分の2種類の作成方法（直接法と間接法）は、理解できましたか。

本節で学習する箇所

キャッシュ・フロー計算書

営業活動によるキャッシュ・フロー	×××
投資活動によるキャッシュ・フロー	×××
財務活動によるキャッシュ・フロー	×××
現金及び現金同等物の増減額（△は減少）	×××
現金及び現金同等物の期首残高	×××
現金及び現金同等物の期末残高	×××

キャッシュ・フローは、営業活動、投資活動および財務活動という３つに区分されることは前節で学びました。本節では、投資活動及び財務活動によるキャッシュ・フローについて学習します。

1 投資活動によるキャッシュ・フロー

❶・Cash Flows from Investing Activities
・Cash Used in Investing Activities
・Cash Provided by Investing Activities

復習ポイント①

固定資産の減価償却については、第13節（pp.77-78）および第16節（p.103）で学習しました。

投資活動によるキャッシュ・フローとは何か

投資活動によるキャッシュ・フロー❶とは、固定資産投資、証券投資および貸し付けなどに関連したキャッシュ・フローのことです。具体的には、有形固定資産や無形固定資産の取得・売却、有価証券（現金同等物に相当するものをのぞく）の取得・売却、投資有価証券の取得・売却、資金の貸し付けやその回収などにより生じる支出や収入がそれに当たり、代表的な項目としては、設備投資、すなわち建物や備品などの取得があげられます。建物や備品には耐用年数があるため、陳腐化あるいは機能が低下した設備は更新する必要があります。また、市場環境の変化にともない、最新の設備を新たに導入しなければならないこともあります。一般に、多くの企業は設備投資に多額のキャッシュを支出しており、これが投資活動によるキャッシュ・フローの主要な部分を占めています。

投資活動によるキャッシュ・フローの表示方法

投資活動によるキャッシュ・フローの区分では、主要な取引ごとにキャッシュ・フローを総額表示しなければならないとされています。営業活動によるキャッシュ・フローとは異なり、表示方法は１種類のみです。投資活動によるキャッシュ・フローの標準的な様式は次のとおりです（図表21_1）。

前節の練習問題における投資活動によるキャッシュ・フローの区分は図表21_2のようになります。

図表21_1　投資活動によるキャッシュ・フロー

```
投資活動によるキャッシュ・フロー
　有価証券の取得による支出　　　　△×××
　有価証券の売却による収入　　　　　×××
　有形固定資産の取得による支出　　△×××
　有形固定資産の売却による収入　　　×××
　投資有価証券の取得による支出　　△×××
　投資有価証券の売却による収入　　　×××
　貸し付けによる支出　　　　　　　△×××
　貸付金の回収による収入　　　　　　×××
投資活動によるキャッシュ・フロー　　×××
```

図表21_2　投資活動によるキャッシュ・フローの計算

```
キャッシュ・フロー計算書　（単位：百万円）
投資活動によるキャッシュ・フロー
　有形固定資産の取得による支出　　　△90
　投資有価証券の取得による支出　　　△30
　投資有価証券の売却による収入　　　　50
投資活動によるキャッシュ・フロー　　△70
```

2　投資活動によるキャッシュ・フローの読み方

投資活動によるキャッシュ・フローと企業の成長性

　一般に、多くの企業は設備投資に毎年多額のキャッシュを支出します。このため、通常、投資活動によるキャッシュ・フローは赤字になります。成長性の高い企業であれば、積極的な投資活動により、大幅な赤字を計上することもあります。逆に、成熟企業では遊休資産の売却や投資有価証券の売却により、黒字になることがあります。このように、投資活動によるキャッシュ・フローは、企業の成長性に大きな影響を受けます。

フリー・キャッシュ・フロー

　営業キャッシュ・フローから、事業活動を継続するために必要な投資を差し引いた金額を、企業が自由に使用できる資金という意味で**フリー・キャッシュ・フロー**（純現金収支）とよびます。しかし簡便な計算法としては、営業キャッシュ・フローと投資キャッシュ・フローの合計額が一般的に用いられています。フリー・キャッシュ・フローの基本的な読み方を示すと図表21_3のようになります。

図表21_3　フリー・キャッシュ・フローの読み方

①フリー・キャッシュ・フローがプラスの場合	②フリー・キャッシュ・フローがマイナスの場合
事業により獲得したキャッシュだけで、設備更新のための投資が実施可能である。外部資金を調達しなくても、事業が継続可能である。	営業キャッシュ・フローだけでは投資のための支出がカバーできない。事業継続のためには外部資金を調達しなければならない。

　フリー・キャッシュ・フローがプラスの場合、キャッシュをどのように運用するかが問題となります。生産能力を増強するための新規投資や、株主への配当、自己株式の取得、あるいは借入金の返済などが考えられます。

予習ポイント①

フリー・キャッシュ・フローの読み方については、第25節（p.188）で学習します。

ステップアップ①

前節の練習問題におけるフリー・キャッシュ・フローは、営業活動によるキャッシュ・フロー（80）と投資活動によるキャッシュ・フロー（△70）の合計10になります。

フリー・キャッシュ・フローが数期間連続して大幅なマイナスとなった場合、資金繰りの問題をかかえていないかどうか注意が必要です。ただし、フリー・キャッシュ・フローは、企業の成長性や設備投資のサイクルの影響を考慮して判断しなければなりません。たとえば、成長性の高い企業が事業拡張のため投資を増加させる場合に、フリー・キャッシュ・フローがマイナスになるのはとくに問題があるとはいえません。

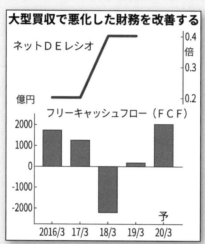

トピック⑥

フリー・キャッシュ・フロー

営業キャッシュ・フローと投資キャッシュ・フローの合計額であるフリー・キャッシュ・フロー（純現金収支）は、企業の手元に残る余剰資金を意味し、企業評価などで重視されています。2019年6月7日付の日本経済新聞によれば、2020年3月期のコマツのフリー・キャッシュ・フローは2,000億円となり、前期比13倍に増える見通しです。コマツは、大型買収により有利子負債の水準が高まっていることから、フリー・キャッシュ・フローのうち1,000億円を借入金の返済に回す予定であることが紹介されています。

大型買収で悪化した財務を改善する

ネットDEレシオ

億円

フリーキャッシュフロー（FCF）

0.4 倍
0.3
0.2

2000
1000
0
-1000
-2000

予

2016/3　17/3　18/3　19/3　20/3

出所：「コマツ、純現金収支の黒字13倍に　借入金返済を優先」日本経済新聞　2019年6月7日朝刊

3　財務活動によるキャッシュ・フロー

❷ ・Cash Flows from Financing Activities
・Cash Used in Financing Activities
・Cash Provided by Financing Activities

復習ポイント②

借入金や社債などの負債については第12節（p.72）で学習しました。資本金などの株主資本については第14節（pp.81-84）で学習しました。

財務活動によるキャッシュ・フローとは

財務活動によるキャッシュ・フロー❷とは、資金調達や返済に関連するキャッシュ・フローのことです。具体的には、短期または長期借入れによる収入、借入金の返済による支出、社債の発行による収入、社債の償還による支出、株式の発行による収入、自己株式の取得による支出、配当金の支払いなどがこれに当たります。

財務活動によるキャッシュ・フローの表示方法

財務活動によるキャッシュ・フローについても、主要な取引ごとにキャッシュ・フローを総額で表示することになっています。営業活動によるキャッシュ・フローとは異なり、表示方法は1種類のみです。財務活動によるキャッシュ・フローの標準的な様式は、以下のとおりです（図表21_4）。

また、前節の練習問題における財務活動によるキャッシュ・フローの区分は図表21_5のようになります。

図表21_4　財務活動によるキャッシュ・フロー

財務活動によるキャッシュ・フロー
短期借入金の純増減額	×××
長期借入れによる収入	×××
長期借入金の返済による支出	△×××
社債の発行による収入	×××
社債の償還による支出	△×××
株式の発行による収入	×××
自己株式の取得による支出	△×××
配当金の支払額	△×××
財務活動によるキャッシュ・フロー	×××

図表21_5　財務活動によるキャッシュ・フローの計算

キャッシュ・フロー計算書　（単位：百万円）
財務活動によるキャッシュ・フロー	
長期借入れによる収入	60
配当金の支払額	△10
財務活動によるキャッシュ・フロー	50

財務活動によるキャッシュ・フローの読み方

（1）　資金調達の状況

　財務活動によるキャッシュ・フローの区分では、資金調達の状況を分析することができます。資金調達の方法には、短期（短期借入金など）と長期（長期借入金、社債、株式など）、あるいは直接金融（株式、社債）と間接金融（借入金）などの区別があり、どのような方法を取っているかが分析のポイントとなります。

（2）　配当性向と自社株買い

　配当性向とは、当期純利益に対する配当金の比率のことです。配当されなかった部分は留保利益となり、将来の成長のための投資にあてられることになります。したがって、成長性の高い企業では配当ではなく投資を優先させ、成長機会の乏しい企業では、投資を抑制して配当を増やすのが自然な考え方であるといえます。

　また、配当ではなく自社株買いという形で株主への利益配分を行う場合もあります。当期純利益に対する、配当と自己株式取得額の合計の比率は**総還元性向**とよばれます。株主への利益配分を分析するには、総還元性向にもとづいて判断するのが適当であるといえます。

　なお、資金調達の状況や株主配分の状況については、株主資本等変動計算書でよりくわしく分析することができます。

　最後に、前節の練習問題のキャッシュ・フロー計算書全体を確認しましょう。間接法による表示のみを示します（図表21_6）。

予習ポイント②

配当性向の見方については第25節（p.177）で学習します。

予習ポイント③

株主資本等変動計算書については第22節（pp.144-151）で学習します。

図表21_6 キャッシュ・フロー計算書
「営業活動によるキャッシュ・フロー」を間接法により表示する場合

キャッシュ・フロー計算書（単位：百万円）
20×1年4月1日〜20×2年3月31日
○○株式会社

営業活動によるキャッシュ・フロー	
税引前当期純利益	90
減価償却費	30
貸倒引当金の増減額（△は減少）	10
支払利息	30
投資有価証券売却損	10
売上債権の増減額（△は増加）	△30
棚卸資産の増減額（△は増加）	△30
仕入債務の増減額（△は減少）	40
小計	150
利息の支払額	△20
法人税等の支払額	△50
営業活動によるキャッシュ・フロー	80
投資活動によるキャッシュ・フロー	
有形固定資産の取得による支出	△90
投資有価証券の取得による支出	△30
投資有価証券の売却による収入	50
投資活動によるキャッシュ・フロー	△70
財務活動によるキャッシュ・フロー	
長期借入れによる収入	60
配当金の支払額	△10
財務活動によるキャッシュ・フロー	50
現金及び現金同等物の増減額（△は減少）	60
現金及び現金同等物の期首残高	50
現金及び現金同等物の期末残高	110

トピック⑦

配当による株主還元

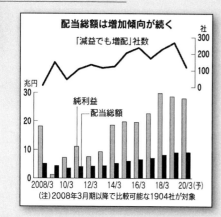

2019年5月30日付の日本経済新聞では、利益が減少している（減益）にかかわらず、配当を増やす（増配）企業が増えていることが紹介されています。その背景としては、手元の現預金が増加して増配が可能になっていることや、配当や自社株買いにより還元した方が株主に評価されるという考えがあると指摘されています。

出所：「『減益でも増配』最多に　前期、株主還元を意識」日本経済新聞
2019年5月30日朝刊

4　連結キャッシュ・フロー計算書

　連結キャッシュ・フロー計算書では個別のキャッシュ・フロー計算書にはない項目や名称が用いられます。営業活動によるキャッシュ・フローの区分にある税引前当期純利益は、**税金等調整前当期純利益**という名称に変わります。また、子会社の新規連結や連結除外にともない、**新規連結に伴う現金及び現金同等物の増加額**や**連結除外に伴う現金及び現金同等物の減少額**という項目が、新たに加わります。

復習ポイント③

税金等調整前当期純利益については、第18節（pp.116-117）で学習しました。

営業活動によるキャッシュ・フロー	±	×××
税金等調整前当期純利益	±	×××
…		…
投資活動によるキャッシュ・フロー	±	×××
…		…
財務活動によるキャッシュ・フロー	±	×××
…		…
現金及び現金同等物に係る換算差額	±	×××
現金及び現金同等物の増減額	±	×××
現金及び現金同等物の期首残高		×××
新規連結に伴う現金及び現金同等物の増加額	+	×××
連結除外に伴う現金及び現金同等物の減少額	−	×××
現金及び現金同等物の期末残高		×××

本節のポイント

📝投資活動によるキャッシュ・フローについて、理解できましたか。

📝財務活動によるキャッシュ・フローについて、理解できましたか。

📝キャッシュ・フロー計算書のフォームを、もう一度理解できましたか。

第8章　章末問題

1 下記の資料から算出したキャッシュ・フロー計算書における現金及び現金同等物の額として、正しいものは次のうちどれですか。

			（単位：百万円）
手許現金	30	普通預金	70
通知預金	28	市場性のある株式	130
定期預金（期間6カ月）			80
公社債投資信託（期間3カ月）			46
短期貸付金（期間2カ月）			11
コマーシャル・ペーパー（期間1カ月）			35

(1) 174百万円　　(2) 185百万円　　(3) 209百万円

(4) 261百万円　　(5) 289百万円

〔2019年6月（第143回）銀行業務検定試験　財務3級〕

2 キャッシュ・フロー計算書における営業活動によるキャッシュ・フローの区分（間接法）で増加要因として表示されるものはどれか。最も適切なものを選べ。

ア　売上債権の増加　　　イ　貸倒引当金の増加

ウ　短期借入金の増加　　エ　有形固定資産の売却

〔2017年度　中小企業診断士試験〕

3 キャッシュ・フロー計算書に関する記述として、妥当なのはどれか。

1　金融商品取引法に基づくディスクロージャー制度の適用を受けて、連結財務諸表を作成し公表する企業は、連結キャッシュ・フロー計算書のほかに個別ベースのキャッシュ・フロー計算書を作成し公表しなければならない。

2　キャッシュ・フロー計算書が対象とする資金の範囲は、現金および現金同等物であり、現金同等物の例として、要求払預金や取得日から満期日までの期間が6か月以内のコマーシャル・ペーパーがある。

3　営業活動によるキャッシュ・フローの表示方法として、直接法と間接法とがあるが、直接法は、総額を表示する方法であり、連結キャッシュ・フロー計算書を作成する場合には、間接法は適用できず、直接法を適用しなければならない。

4　投資活動によるキャッシュ・フローの例としては、有価証券の売却による収入や有形および無形固定資産の取得による支出がある。

5　財務活動によるキャッシュ・フローの例としては、貸付金の回収による収入や人件費、管理費および法人税の支出がある。

〔2006年度　東京都職員I類B採用試験〕

解答　1—(3)、2—イ、3—4

第 **9** 章 株主資本等変動計算書

22 株主資本等変動計算書とは何か

本章のねらい

　本章では、財務諸表4表（貸借対照表、損益計算書、キャッシュ・フロー計算書、株主資本等変動計算書）のうち、4つ目の株主資本等変動計算書について学習します。

　具体的にはまず、株主資本等変動計算書の全体像を確認したうえで、その読み方や貸借対照表・損益計算書との関係を確認します。

　本章を理解するためには、第6章で学習した貸借対照表の純資産の部をしっかり理解しておく必要があります。

　また、本章は各財務諸表についての学習の最後の章となります。第5章の各財務諸表の相互関係を確認しておきましょう。

22 株主資本等変動計算書とは何か

本節で学習する箇所

貸借対照表の純資産の部は、株主資本、評価・換算差額等および新株予約権に区分されることは、すでに学びました。本節では、純資産の部の変動について表示する株主資本等変動計算書を学習します。

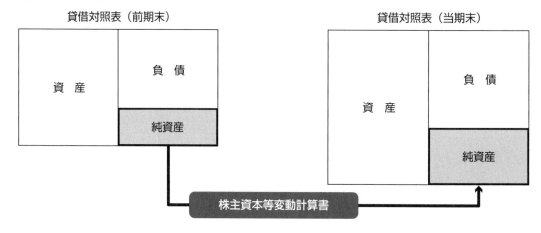

1 株主資本等変動計算書とは何か

すでに学習したように、貸借対照表の純資産の部は、株主資本、評価・換算差額等および新株予約権に区分され、それぞれの区分に属する各項目の期末残高が表示されます。また、連結貸借対照表では、これらに加えて非支配株主持分の区分があります。_{復習ポイント①}

純資産の部の各項目の金額は、さまざまな要因により増減します。貸借対照表には期末時点の残高が表示されていますが、変動の要因についてはわかりません。**株主資本等変動計算書**は、純資産（主として株主資本）の残高が、期中にどのような要因でどれだけ変動したかを明らかにするための計算書です。_{ステップアップ① ❶}

復習ポイント①

非支配株主持分については、第14節 (p.87) で学習しました。

ステップアップ①

国際会計基準では、持分変動計算書といいます。
❶ Statement of Changes in Equity

2 株主資本等変動計算書のしくみと様式

純資産の部の変動要因

（1）株主資本の変動要因

株主資本のおもな変動要因には、当期純利益の計上、剰余金の配当、新株の発行（増資）、自己株式の取得・処分などがあります。

① **当期純利益の計上**

損益計算書で当期純利益が計上されると、その他利益剰余金の「繰越利益剰余金」に振り替えられ、純資産が増加します。逆に、当期純損失が計上された場合、純資産が減少します。

② **剰余金の配当**

純資産のうち剰余金は、株主に対し、配当として支払うことができます。配当は、通常、利益剰余金をもとに行われますが、資本剰余金を原資とする場合もあります。利益剰余金を原資とする場合は、その他利益剰余金が減少します。資本剰余金を原資とする場合は、その他資本剰余金が減少します。また、配当を行う場合、資本準備金と利益準備金の合計が資本金の4分の1に達するまで、配当額の10分の1を資本準備金または利益準備金に積みたてなければなりません。

③ **新株の発行（増資）**

新たに株式を発行して増資をする場合、資本金や資本準備金が増加します。株式の払込金額は原則として全額を資本金に組み入れることになっていますが、払込金額の2分の1までは、資本金とせずに、資本準備金に組み入れることも認められています。

④ **自己株式の取得・処分**

自己株式を取得した場合、株主資本の控除項目である自己株式が増加し、株主資本合計は減少します。また自己株式を処分した場合、自己株式が減少し、株主資本合計は増加します。

(2) 株主資本以外の項目の変動要因

株主資本以外の項目のおもな変動要因としては、その他有価証券評価差額金などがあります。

① **その他有価証券評価差額金**

その他有価証券は、売買目的有価証券と同様、決算時に時価評価されますが、**全部純資産直入法**では、当該評価差額は損益計算書を通さず、その他有価証券評価差額金として純資産の部の評価・換算差額等に直接計上することになっています。

株主資本等変動計算書の様式　株主資本等変動計算書は、貸借対照表の純資産の部と同様に、株主資本、評価・換算差額等および新株予約権に区分して表示します。株主資本等変動計算書の標準的な様式は次のとおりです（図表 22_1）。

ステップアップ②

ここでいう「剰余金」とは、おおむね資本剰余金と利益剰余金の合計から、資本準備金と利益準備金を差し引いた金額に相当します。

ステップアップ③

資本剰余金を原資とした配当の場合、資本準備金に積みたて、利益剰余金を原資とした配当の場合、利益準備金に積みたてます。

復習ポイント②

株式発行にともなう資本金や資本剰余金の増加については第 14 節（p.82）で学習しました。

復習ポイント③

その他有価証券の評価替にともなう会計処理については、第 14 節（p.84-85）で学習しました。

ステップアップ④
株主資本等変動計算書

	株主資本									評価・換算差額等		株式引受権	新株予約権	純資産合計
	資本金	資本剰余金			利益剰余金			自己株式	株主資本合計	その他有価証券評価差額金	評価・換算差額等合計			
		資本準備金	その他資本剰余金	資本剰余金合計	利益準備金	その他利益剰余金	利益剰余金合計							
当期首残高	×	×	×	×	×	×	×	△×	×	×	×	×	×	×
当期変動額														
新株の発行	×	×		×					×					×
剰余金の配当					×	△×	△×		△×					△×
当期純利益						×	×		×					×
自己株式の処分								×	×					×
株主資本以外の項目の当期変動額(純額)										×	×			×
当期変動額合計	××	××	−	××	××	××	××	××	××	××	××	−	××	××
当期末残高	××	××	××	××	××	××	××	△××	××	××	××	××	××	××

　株主資本とそれ以外では表示方法が異なります。株主資本の各項目は、当期首残高、当期変動額および当期末残高に区分し、当期変動額は変動事由ごとにその金額を表示します。これに対し、株主資本以外の各項目については、原則として、当期変動額を純額で表示することとされています。つまり、株主資本は、それ以外の区分に比べて、より詳細な開示が求められているのです。

　また、株主資本等変動計算書に表示される項目の残高は、貸借対照表の純資産の部における各項目の残高と整合していなければならないとされています。また、損益計算書の当期純利益を、利益剰余金の変動事由として表示することになっています。これは、株主資本等変動計算書が、財務諸表の体系の一部として位置づけられているために、貸借対照表や損益計算書の数値との関係を示すことが求められているためです。

【事例】

　以下の資料にもとづいて、株主資本等変動計算書を作成してみましょう。

《資料》

貸借対照表（純資産の部のみ）			損益計算書（一部）	
				（単位：百万円）
純資産の部	前期末	当期末		当期
株主資本			売上高	960
資本金	300	350	（省略）	…
資本剰余金			当期純利益	180
資本準備金	35	85		
その他資本剰余金	15	15		
資本剰余金合計	50	100		
利益剰余金				
利益準備金	15	20		
その他利益剰余金	55	180		
利益剰余金合計	70	200		
自己株式	△30	△30		
株主資本合計	390	620		
評価・換算差額等				
その他有価証券評価差額金	50	64		
新株予約権	20	20		
純資産合計	460	704		

その他

①新株を発行して100百万円の増資を行い、そのうち50百万円は資本金に組み入れ、残り50百万円を資本準備金とした。

②その他利益剰余金を原資として50百万円の配当を行うとともに、利益準備金に配当額の10分の1に相当する5百万円を組み入れた。

③当期純利益180百万円が計上された。

④保有しているその他有価証券の時価が、期末時点で20百万円値上がりした。（ただし、税効果会計を適用し、法定実効税率は30％とする）。

　それでは、純資産の各項目がどのように変動するかを確認しましょう。

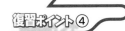

復習ポイント④

配当にともなう利益準備金への組み入れについては、本節（p.145）で学習しました。

復習ポイント⑤

税効果会計については、第18節（pp.114-115）で学習しました。

① 新株の発行

> 資本金と資本準備金がそれぞれ 50 百万円増加する。

② 剰余金の配当

> その他利益剰余金が 55 百万円減少し、利益準備金が 5 百万円増加する。結果として利益剰余金の合計は 50 百万円減少する。

　利益準備金への組み入れが行われるのは、前期末資本準備金（35 百万円）と利益準備金（15 百万円）の合計 50 百万円が、資本金（300 百万円）の 4 分の 1 である 75 百万円より小さいためです。

③ 当期純利益

> その他利益剰余金が、180 百万円増加する。

④ その他有価証券評価差額金

> その他有価証券評価差額金が 14 百万円増加する。

　その他有価証券の期末時価は 20 百万円増加していますが、税率 30％ で税

図表 22_2　株主資本等変動計算書

株主資本等変動計算書　（単位：百万円）

| | 株 主 資 本 | | | | | | | | | 評価・換算差額等 | | 新株予約権 | 純資産合計 |
| | 資本金 | 資本剰余金 | | | 利益剰余金 | | | 自己株式 | 株主資本合計 | | | | |
		資本準備金	その他資本剰余金	資本剰余金合計	利益準備金	その他利益剰余金	利益剰余金合計			その他有価証券評価差額金	評価・換算差額等合計		
当期首残高	300	35	15	50	15	55	70	△30	390	50	50	20	460
当期変動額													
新株の発行	50	50		50					100				100
剰余金の配当					5	△55	△50		△50				△50
当期純利益						180	180		180				180
株主資本以外の項目の当期変動額（純額）										14	14		14
当期変動額合計	50	50	－	50	5	125	130	－	230	14	14	－	244
当期末残高	350	85	15	100	20	180	200	△30	620	64	64	20	704

効果会計を適用すると、繰延税金負債が6百万円計上され、その他有価証券評価差額金は14百万円となります。

この事例における株主資本等変動計算書は図表22_2のようになります。

4　株主資本等変動計算書の読み方

株主資本等変動計算書の必要性

　株主資本等変動計算書が必要になった背景には、いくつかの理由があります。

① 株主資本の変動が複雑化した

　現在の会社法では、旧商法と異なり、配当をいつでも何度でも行うことができます。また、剰余金の配当は、原則として株主総会の決議を要しますが、一定の条件を満たせば、取締役会の決議だけで行うことが認められています。なお、会社法は「分配可能額」を規定し、剰余金の配当に上限を設けています。また、自社株買いによる株主への還元も活発になっています。このため、株主は、みずからの持分である株主資本の変動が把握しにくくなりました。

② 株主資本以外の項目の変動が複雑化した

　その他有価証券評価差額金のように、損益計算書を通さずに、純資産の部を直接増減させる処理が導入されたため、損益計算書の当期純利益と、貸借対照表の純資産の部の変動額が一致しなくなりました。また、新株予約権や非支配株主持分が純資産の部に区分されるようになったことも、純資産の部の変動をより大きくしています。

株主への利益還元の状況の表示

　株主資本等変動計算書の特長の1つに、株主への利益還元の状況を一覧できる点があります。株式会社は、獲得した利益を配当として株主に分配します。また、近年では自社株買いを通じて利益を還元するケースも多くなりました。株主への利益配分の状況を考える場合、配当と自社株買いを一括してとらえることが合理的ですが、株主資本等変動計算書では、配当や自社株買いを1つの表で確認することができます。また、株主資本に属する項目の変動は総額で表示することになっているため、自社株買いの純額だけでなく、自己株式の取得、処分と消却等の金額がそれぞれ明らかになるという特長もあります。

配当の原資の確認

　配当の原資が明らかになるという点も大きな特長です。配当は、通常、利益剰余金を原資としますが、資本剰余金を原資とする配当も認められています。これには、本来、過剰な資本を株主に払いもどし、資本効率を改善するという意味がありますが、実際には赤字企業が配当を継続する手段として用いられることがあるので注意が必要です。

ステップアップ⑥

2005年7月に公布された会社法により、株主資本等変動計算書の作成が定められました。一方、これまでの利益処分案は廃止されています。

ステップアップ⑦

「分配可能額」は、剰余金の額に、臨時決算を行った場合の臨時決算日までの純損益、自己株式、のれんと繰延資産等を調整して算出します（会社法461条2項、会社計算規則158条）。

5 連結株主資本等変動計算書

連結株主資本等変動計算書では剰余金の表示が簡略化され、内訳の記載がなくなります。また、「評価・換算差額等」は「その他の包括利益累計額」という名称にかわり、新たに「非支配株主持分」という項目が加わります。

図表 22_3　連結株主資本等変動計算書

連結株主資本等変動計算書 （単位：百万円）

| | 株　主　資　本 | | | | | その他の包括利益累計額 | | 株式引受権 | 新株予約権 | 非支配株主持分 | 純資産合計 |
	資本金	資本剰余金	利益剰余金	自己株式	株主資本合計	その他有価証券評価差額金	その他の包括利益累計額合計				
当期首残高	×××	×××	×××	△×××	×××	×××	×××	×××	×××	×××	×××
当期変動額											
新株の発行	×××	×××			×××						×××
剰余金の配当			△×××		△×××						△×××
親会社株主に帰属する当期純利益			×××		×××						×××
株主資本以外の項目の当期変動額(純額)						×××	×××		×××	×××	×××
当期変動額合計	×××	×××	×××		×××					×××	×××
当期末残高	×××	×××	×××	△×××	×××	×××	×××	×××	×××	×××	×××

トピック①

自社株買い

自社株買い 社数は10年ぶり高水準

社数

兆円

金額

8
6
4
2
0

2011/3　　　15/3　　　19/3

600
500
400

（出所）アイ・エヌ情報センター、19年3月期は2月26日時点

2019年3月1日付の日本経済新聞では、株主還元を充実させる企業が増えていることが紹介されています。2019年3月期に自社株買いを発表した企業数は637社で10年ぶりの高水準となりました。その背景として、機関投資家が企業との対話に積極的になり、経営者は株主との対立をさけるため、株主への還元に積極的に取り組むようになったと指摘されています。

出所：「『対話』で株主還元厚く」日本経済新聞　2019年3月1日朝刊

資本金減少による配当原資の確保

　会社法は剰余金の額をベースとして、配当に上限額を設けています。そこで、配当額を維持することを目的として、資本金や資本準備金を剰余金に振り替えることがあります。2016年2月23日付の日本経済新聞では、資本金のほとんどを資本剰余金に振り替えた例が紹介されています。

　オンラインゲームのネクソンは2016年12月期に資本金約560億円のうち約550億円を資本剰余金に振り替え、10億円に圧縮する。資本剰余金などを厚くして、株主還元の原資になる資金を約1000億円規模で確保する。今後の配当や自社株買いなどに使う。

　3月29日に開催予定の定時株主総会での承認を得られれば、5月末をめどに実施する。同社の資本金は10億円に減るが、会計上の処理のため、自己資本全体の額は変わらないとみられる。

　同社は15年12月期まで2期連続で100億円規模の自社株買いを実施した。今後も自社株買いは続ける方針。前期末の自己資本比率は88%と高い。自己資本利益率（ROE）を上げるために買い取った自社株はすべて消却し、再放出の懸念もなくす。

　ネクソンは22日、15年12月期の期末配当を従来計画通り5円にしたと発表した。年間配当は10円。今後も同水準の年間配当を見込むが、機動的な自社株買いで株主還元を強化する。

出所：「ネクソン、資本金550億円圧縮　配当原資を確保」日本経済新聞　2016年2月23日朝刊

本節のポイント

■株主資本等変動計算書と貸借対照表・損益計算書の関係について、理解できましたか。

■株主資本等変動計算書の様式について、理解できましたか。

■株主資本等変動計算書の読み方について、理解できましたか。

1 下記の資料から算出した株主資本等変動計算書上の株主資本合計の当期末残高として、正しいものは次のうちどれですか。なお、マイナスする場合は△で表記しています。

（単位：百万円）

資本金	当期首残高	80	当期変動額	20
資本剰余金	当期首残高	40	当期変動額	20
利益剰余金	当期首残高	1,400	当期変動額	130
自己株式	当期首残高	△15	当期変動額	0
その他有価証券評価差額金	当期首残高	12	当期変動額	8

(1)　1,675 百万円

(2)　1,690 百万円

(3)　1,695 百万円

(4)　1,710 百万円

(5)　1,730 百万円

〔2016 年 6 月（第 134 回）銀行業務検定試験　財務 3 級〕（一部改題）

2 次の資料から連結株主資本等変動計算書における株主資本の当期変動額合計を計算し、正しい数値を選びなさい。

自己株式の取得　200	親会社株主に帰属する当期純利益　800	
新株の発行　　　300	非支配株主に帰属する当期純利益　100	
資本剰余金から資本金への振替　100	剰余金の配当　400	
その他有価証券評価差額金の当期減少額　200		

①　400　　②　500　　③　600　　④　700　　⑤　800

〔2011 年 3 月（第 8 回）ビジネス会計検定試験 2 級〕（一部改題）

解答　1 —(1)、2 —②

第**10**章 会計情報を読む

本 章 の ね ら い

　本章では、これまでに習得した知識を用いて、実際に
会計情報を読みます。具体的には、本章で取りあげた A
社と B 社の財務諸表に記載されている、A 社の前期お
よび当期の数値、B 社の前期および当期の数値にもとづ
き、収益性、安全性、成長性といった視点から財務諸表
を分析します。

　はじめに、貸借対照表を読みます。そこに記載されて
いる数値を使用して各指標を算出し、企業の安全性につ
いて分析をします。

　次に、損益計算書を読みます。そこに記載されている
数値を使用して各指標を算出し、企業の収益性、成長性
について分析をします。また、貸借対照表と損益計算書
に記載されている数値を使用して各指標を算出し、企業
の収益性、成長性について分析をします。

　さらに、キャッシュ・フロー計算書の数値を用いて各
指標を算出し、企業の収益性、安全性について分析します。

　最後に、A 社と B 社の当期の数値にもとづき、両社の
収益性、安全性、成長性について比較分析をします。

会計情報を読む―ケーススタディー

本節で学習する箇所

（1）これまでに習得した知識を用いて、実際に会計情報を読みましょう。

（2）収益性、安全性、成長性といった視点から財務諸表を分析しましょう。

（3）財務諸表の数値を比較してみましょう。

（4）pp.158-160 の財務諸表から A 社と B 社を比較して、会計情報を読みとってみましょう。

1 会計情報を読むということ

会計情報は通常、財務諸表から得られます。財務諸表には、**貸借対照表**、**損益計算書**、**キャッシュ・フロー計算書**、**株主資本等変動計算書**があります（図表 23_1）。

復習ポイント①

財務諸表については、第 9 節から第 22 節（pp.52-152）で学習しました。

また、財務諸表の入手方法については 第 7 節（pp.37-40）で学習しました。

入手した会計情報をしまっておいたのでは意味がありません。会計情報は読むことによって、それが活かされるのです。

図表 23_1　財務諸表の体系

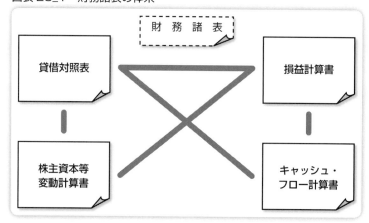

たとえば、損益計算書は、売上高、利益といった企業の成果をあらわしています。損益計算書を読むときには、単に利益が出ていることだけを把握したのでは不十分です。利益がどうやって出たのか、すなわち、通常の販売活動によるものなのか、それとも、臨時的なもの、たとえば土地を売却して出たのかを把握する必要があります。単に、数字を追うのではなく、数字の裏にあるものを読まなくてはなりません。

復習ポイント②

第 15 節（pp.94-96）で学習したように、利益と収支は異なることに注意しましょう。

復習ポイント③

会計情報の利用者については、第 3 節（pp.22-23）で学習しました。

2 財務諸表分析

企業の経営成績や財政状態をまとめたものが、財務諸表です。財務諸表は、

会計のルールである「会計基準」に従って作成されます。

財務諸表分析とは、これらの報告書にもとづき、企業の**収益性、安全性、成長性**等を分析することです。

分析に当たり、資産・負債等の金額について期中平均額を使用する場合がありますが、本章では便宜上期末の金額を使用します。

財務諸表分析の視点
　企業を取り巻く関係者には、さまざまな利害関係者がおり、関心事項が異なるため、それぞれの関心に応じて分析の視点が異なりますが、大きくみると以下の３つの見方があります（図表23_2）。

図表23_2　財務諸表分析の視点

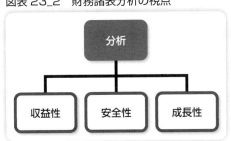

（1）収益性分析

収益性分析とは、企業の利益状況から企業の収益性を判断するものです。使用する財務諸表は、損益計算書および貸借対照表です。

収益性は投資効率ともいい、利益を上げる能力をあらわすものです。資本と利益の関係をあらわした資本に対する利益の比率である資本利益率や、売上と利益の関係をあらわした売上高に対する各利益の比率である売上高利益率等を用いて収益性をみます。実際に収益性分析で多く使用されるのは、売上高に対する各利益の比率です。用いる利益としては、**売上総利益、営業利益、経常利益、当期純利益**等があります。一般に、売上高利益率が高ければ収益性が高いといえます。ただし、業種、企業規模が異なる２社を分析する場合には、売上高利益率を使用して比較してもあまり意味はないといえます。

（2）安全性分析

安全性分析とは、企業の資金の状況から企業の支払能力を判断するものです。使用する財務諸表は、貸借対照表です。

資金の状況は、資金の収入と資金の支出をみればわかります。資金の収入には、売上等の通常の営業活動から得られる経常収入と、借入れ等の経常外収入があります。資金の支出には、売上原価、販売費及び一般管理費などの経常支出と、借入金の返済等の経常外支出があります。

経常収入と経常支出を用いた指標に**経常収支比率**があります。

資金の調達をみる場合、**自己資本**と**他人資本**を区別することが重要です。他人資本は将来返済する必要がありますが、自己資本は返済する必要はありません。

復習ポイント④

会計基準については、第４節（pp.24-25）で学習しました。

ステップアップ①

ここでは、①収益性分析、②安全性分析、③成長性分析について触れますが、このほか、生産性分析、効率性分析、信用分析、投資分析などがあります。
それぞれについて自分で調べてみましょう。

予習ポイント①

第25節（pp.170-191）において、売上高利益率について学習します。

復習ポイント⑤

売上総利益、営業利益、経常利益、税引前当期純利益、当期純利益については第15節-第18節（pp.92-119）で学習しました。

ステップアップ②

企業が倒産することは、経営者はむろん従業員にとっても望ましいことではありません。一方、金融機関にとっても融資していれば、貸金が回収できなくなり、困った事態となります。通常、企業の倒産は、資金不足によっておこります。倒産をさけるためには、たえず資金の状況を把握しておく必要があります。

算　式

$$経常収支比率 = \frac{経常収入}{経常支出} \times 100$$

ポイント

・経常収支比率が100％以上なら安全。

(3) 成長性分析

成長性分析とは、売上高と利益の伸び率から成長性を判断するものです。当期の売上高や利益を前期のものや前々期あるいは数期前のものと比較してどのくらい増加（あるいは減少）したかをみます[ステップアップ③]。売上高の伸び率は、業種によっても差がありますから、異なる業種の企業間で比較してもあまり意味がありません。同業他社または業種平均と比較してどうかをみます。

しかし、売上高がいくら大きくとも利益が出ていなくては意味がありませんので、売上高の伸び率よりも利益の伸び率を重視する傾向にあります。

ステップアップ③

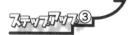

最近では無形資産が多額の利益をうみだすことから、無形資産を成長性の指標に用いることもあります。たとえば、医薬品メーカーの場合、研究開発費支出が無形資産の形成に寄与しますので、研究開発費に着目します。具体的には、売上高に占める研究開発費の比率（売上高研究開発費比率）を用います。

比較手法

数値を比較するには、以下の図表23_3に示されているいくつかの方法があります。

図表23_3　比較手法の種類

方　法	概　要
① 同一企業の期間で比較	前年度の数値と本年度の数値を比較することにより、分析を行います。業績が伸びたとか、悪化したとかが一目瞭然でわかりますので、ひろく一般的に行われています[ステップアップ④]。
② 他社と比較	分析対象企業と同業他社の数値と比較することにより、分析を行います。これにより、分析対象企業の相対的状況がわかり、改善点が浮かびあがってきます。
③ 業界平均と比較	業界平均値と比較することにより、分析を行います。これにより、分析対象企業の長所や短所を把握できやすくなります。
④ 目標値と比較	企業があらかじめ決めておいた数値（予算値）と実際の数値（実績値）を比較することにより、分析を行います。目標達成度をはかり、経営に役立たせます。

ステップアップ④

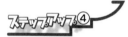

本節（p.159）に記載されている損益計算書をみてください。2期の数値が記載されており、容易に比較することができます。

分析は個別財務諸表と連結財務諸表のいずれを用いるか

分析を行うにあたって、個別財務諸表と連結財務諸表のいずれを用いるか疑問が生じるかもしれません。

トヨタやホンダのように事業規模が大きくなり、多数の関連会社や子会社を有している場合、親会社の個別財務諸表の数値とグループ全体の連結財務諸表の数値とでは差が生じてしまう可能性があります。そのような場合は、親会社単体ではなく、連結財務諸表の数値でグループ全体の比較を行う必要があります。本章では、個別の財務諸表にもとづいて分析を行います。

3 分析の限界

　貸借対照表と損益計算書を読むさいには、その限界や注意点も知っておく必要があります。貸借対照表には以下のような2つの限界があります。

資産のすべてが計上されているわけではない

　貸借対照表には企業が保有しているすべてのものが計上されているわけではないということです。たとえば、**無形資産**は企業が保有している重要な資産ですが、目にみえず、その価値を計算することがむずかしいため、現在、貸借対照表に計上されている無形資産はそれほど多いとはいえない状況にあります。しかし、ブランドや特許権等を有していれば他社との競争上有利であり、無形資産が企業に多大なる利益をもたらすことが多いのです。なお、これは人的資産等にもいえることです。

必ずしも現在の価値をあらわしていない

　貸借対照表に計上されているものであっても、そのものの現時点での価値がわかるわけではないということです。たとえば、貸借対照表の項目は、売買目的の有価証券など一部のものをのぞき、**時価**ではなく**取得原価**にもとづいて計上されます。そのため、貸借対照表から入手することができる情報のほとんどは取得原価にもとづく過去の情報であり、時価という現時点での情報ではありません。

　以上のように貸借対照表には、その報告書だけでは読みとることのできない情報があります。そのことを念頭においたうえで貸借対照表を利用する必要があります。

> **復習ポイント⑥**
>
> 無形資産については、第11節（pp.66-69）で学習しました。

> **ステップアップ⑤**
>
> このような無形資産の情報は、会社が自主的にディスクローズしている知的財産報告書といった財務諸表以外の報告書などで入手できる可能性があります。

> **復習ポイント⑦**
>
> 資産の評価については、第13節（pp.75-80）で学習しました。

4 ケーススタディ

　本節（pp.158-160）に掲載されているA社とB社は、小売業を営むライバル企業です。両社の財務諸表にもとづき、第24節以降で財務諸表分析を行います。具体的には、貸借対照表と損益計算書の個々の財務諸表を分析することからはじめ、その後両方を用いて分析を行います。

　まず、詳細な財務諸表分析を行う前に、A社とB社それぞれの前期の数値と当期の数値をながめてください。どのような変化がありましたか。次に、各期ごとにA社とB社を比較してみてください。どのような相違がありましたか。気がついたことを書き出してみましょう。

本節のポイント

✐会計情報を読むことはどういうことか理解できましたか。
✐財務諸表の分析はどのようなものか理解できましたか。

貸 借 対 照 表（個別）

	A　社		B　社	
	前　期	当　期	前　期	当　期
資産の部				
流動資産				
現金及び預金	54,000	100,800	32,000	25,600
受取手形及び売掛金	9,800	12,500	10,800	18,500
貸倒引当金	△400	△600	△500	△900
有価証券	55,000	68,000	5,500	5,500
商品	45,000	51,000	37,000	76,000
その他	30,800	12,300	5,000	3,800
流動資産合計	194,200	244,000	89,800	128,500
固定資産				
有形固定資産				
建物	115,650	115,650	129,650	129,650
減価償却累計額	△35,000	△43,050	△54,000	△58,050
備品	10,000	10,000	23,200	23,200
減価償却累計額	△5,300	△5,800	△8,500	△10,500
土地	23,900	23,900	133,900	123,900
有形固定資産合計	109,250	100,700	224,250	208,200
無形固定資産				
商標権	11,500	11,500	5,500	5,500
その他	1,500	1,500	3,000	3,000
無形固定資産合計	13,000	13,000	8,500	8,500
投資その他の資産				
投資有価証券	15,900	22,200	11,900	9,200
関係会社株式	7,800	7,800	11,800	11,800
その他	12,450	8,200	7,950	4,900
投資その他の資産合計	36,150	38,200	31,650	25,900
固定資産合計	158,400	151,900	264,400	242,600
資産合計	352,600	395,900	354,200	371,100
負債の部				
流動負債				
支払手形及び買掛金	45,500	49,400	55,500	55,000
短期借入金	8,000	5,000	21,000	25,000
1年以内返済予定長期借入金	1,300	1,300	5,000	6,000
未払法人税等	14,500	17,300	1,500	100
その他	6,700	17,700	33,000	32,400
流動負債合計	76,000	90,700	116,000	118,500
固定負債				
長期借入金	5,500	4,200	135,500	149,500
退職給付引当金	900	1,200	3,900	4,200
その他	6,500	5,600	6,500	12,800
固定負債合計	12,900	11,000	145,900	166,500
負債合計	88,900	101,700	261,900	285,000
純資産の部				
株主資本				
資本金	20,000	20,000	23,000	23,000
資本剰余金	15,000	15,000	8,000	8,000
利益剰余金	230,700	260,600	62,200	55,800
自己株式	△5,500	△5,500	△2,500	△2,500
株主資本合計	260,200	290,100	90,700	84,300
評価・換算差額等				
その他有価証券評価差額金	400	800	400	300
評価・換算差額等合計	400	800	400	300
株式引受権	1,200	1,300	300	300
新株予約権	1,900	2,000	900	1,200
純資産合計	263,700	294,200	92,300	86,100
負債及び純資産合計	352,600	395,900	354,200	371,100

損 益 計 算 書（個別）

（単位：千円）

	A 社 前 期	A 社 当 期	B 社 前 期	B 社 当 期
売上高	525,200	633,800	625,200	531,800
売上原価				
商品期首棚卸高	43,000	45,000	38,500	37,000
当期商品仕入高	353,400	424,700	466,800	463,700
合計	396,400	469,700	505,300	500,700
商品期末棚卸高	45,000	51,000	37,000	76,000
売上原価	351,400	418,700	468,300	424,700
売上総利益	173,800	215,100	156,900	107,100
販売費及び一般管理費				
給料	79,700	81,300	99,780	84,510
福利厚生費	1,700	1,870	970	890
広告宣伝費	10,250	14,300	21,800	21,700
貸倒引当金繰入	180	200	310	400
退職給付引当金繰入	290	300	200	300
減価償却費	8,550	8,550	6,050	6,050
旅費交通費	1,700	2,300	1,300	1,050
その他	5,230	8,480	4,690	17,800
販売費及び一般管理費合計	107,600	117,300	135,100	132,700
営業利益	66,200	97,800	21,800	△25,600
営業外収益				
受取利息	1,200	1,300	600	800
受取配当金	800	1,000	300	300
その他	1,300	2,400	100	100
営業外収益合計	3,300	4,700	1,000	1,200
営業外費用				
支払利息	1,300	900	15,600	17,000
その他	1,050	1,800	300	200
営業外費用合計	2,350	2,700	15,900	17,200
経常利益	67,150	99,800	6,900	△41,600
特別利益				
固定資産売却益	—	—	—	30,000
その他	300	1,200	2,800	5,400
特別利益合計	300	1,200	2,800	35,400
特別損失				
投資有価証券売却損	—	—	2,500	1,300
特別損失合計	—	—	2,500	1,300
税引前当期純利益	67,450	101,000	7,200	△7,500
法人税,住民税及び事業税	24,680	38,000	2,600	100
法人税等調整額	2,770	2,400	300	200
当期純利益	40,000	60,600	4,300	△7,800

キャッシュ・フロー計算書（個別）

（単位：千円）

	A　社		B　社	
	前　期	当　期	前　期	当　期
営業活動によるキャッシュ・フロー				
税引前当期純利益（又は税引前当期純損失）	67,450	101,000	7,200	△7,500
減価償却費	8,550	8,550	6,050	6,050
貸倒引当金の増減額（△は減少）	180	200	100	400
退職給付引当金の増減額（△は減少）	90	300	200	300
受取利息及び受取配当金	△2,000	△2,300	△900	△1,100
支払利息	1,300	900	15,600	17,000
有形固定資産売却損益（△は益）	—	—	—	△30,000
投資有価証券売却損	—	—	2,500	1,300
売上債権の増減額（△は増加）	△2,100	△2,700	△6,800	△7,700
棚卸資産の増減額（△は増加）	△1,500	△6,000	△16,000	△39,000
仕入債務の増減額（△は減少）	3,200	3,900	1,200	△500
その他	680	350	10,990	11,200
小計	75,850	104,200	20,140	△49,550
利息及び配当金の受取額	1,800	2,200	750	950
利息の支払額	△1,100	△800	△14,800	△16,700
法人税等の支払額	△23,500	△35,200	△2,600	△1,500
営業活動によるキャッシュ・フロー	53,050	70,400	3,490	△66,800
投資活動によるキャッシュ・フロー				
有価証券の取得による支出	△6,000	△13,000	—	—
有価証券の売却による収入	—	—	—	40,000
有形固定資産の売却による収入	—	—	900	—
投資有価証券の取得による支出	△1,900	△6,300	—	—
投資有価証券の売却による収入	—	—	2,300	1,400
投資活動によるキャッシュ・フロー	△7,900	△19,300	3,200	41,400
財務活動によるキャッシュ・フロー				
短期借入れによる収入	—	—	3,000	6,000
短期借入金の返済による支出	△1,000	△3,000	△1,000	△2,000
長期借入れによる収入	—	—	7,000	20,000
長期借入金の返済による支出	△1,300	△1,300	△5,000	△5,000
財務活動によるキャッシュ・フロー	△2,300	△4,300	4,000	19,000
現金及び現金同等物の増減額（△は減少）	42,850	46,800	10,690	△6,400
現金及び現金同等物の期首残高	11,150	54,000	21,310	32,000
現金及び現金同等物の期末残高	54,000	100,800	32,000	25,600

参　考　情　報

	A　社		B　社	
	前　期	当　期	前　期	当　期
発行済株式数	200,000 株	200,000 株	260,000 株	260,000 株
株価（期末日現在）	5,100 円	6,300 円	230 円	150 円
年間配当支払額	8,400 千円	17,600 千円	190 千円	0 円

24 貸借対照表を読む

本節で学習する箇所

（1）貸借対照表に記載されている数値を使用して各指標を算出してみましょう。

（2）各指標にもとづき、企業の安全性について分析をしてみましょう。

1 貸借対照表を読む視点

貸借対照表^{復習ポイント①}は、一定時点の企業の財政状態をあらわしたものです。下図のように、左側に資産、右側に負債と純資産が並んでいます。資産は流動資産、固定資産および繰延資産に区分され、負債は流動負債と固定負債に区分されます。そして、資産＝負債＋純資産となります（図表24_1）。

図表 24_1　貸借対照表のしくみ

　貸借対照表を読むさい、株主を重視する立場と企業の実態を重視する立場^{ステップアップ①}の2つの立場があります。両方とも重要ですが、前者では、企業が有するプラスの資産とマイナスの資産があり、その差額が純資産となる観点から読むことになります。一方、後者では、企業はどこへ資金運用をしているか、またどこから資金調達をしているかという観点から読むこととなります。

2 貸借対照表における安全性分析

　企業が赤字になってもただちに倒産するわけではありません。しかし、資金繰りが苦しくなると営業活動に支障をきたし、やがては倒産にいたるでしょう。したがって、企業の経営者は、日頃から資金繰りには最大限の注意を払っています。

　一方、企業の関係者も、その企業の債務返済力をチェックする必要があります。この債務返済力をみるのが**安全性分析**です。

　安全性分析を行うにあたっては、次のような指標を使用します。

復習ポイント①

貸借対照表については、第9節（pp.52-55）で学習しました。

復習ポイント②

資産、負債、純資産の意味や内容については、第10節〜第14節（pp.56-88）で学習しました。

ステップアップ①

株主を重視する立場では、最終的に処分することのできる権利がある財産の状況をみますが、企業の実態を重視する立場では、資金の調達と運用をみます。

安全性分析の指標

中小企業（法人企業）における2017（平成29）年度の指標は以下のとおりです（全産業ベース）。

項　目	(%)
流動比率	172.33
自己資本比率	40.47
負債比率	147.09
固定比率	114.84

出所：「平成30年度中小企業実態基本調査速報」中小企業庁より作成

復習ポイント③

流動資産については、第10節（pp.56-63）、流動負債については第12節（pp.70-74）で、それぞれ学習しました。

ステップアップ②

B社の流動資産が、89,800千円から128,500千円へ増加しています。これは、おもに商品が37,000千円から76,000千円へ39,000千円増加していることによるものです。商品が売れなくなり、在庫が増加したものと考えられます。したがって、B社の流動比率が77.4%から108.4%へ増加したからといって、B社の安全性が高まったわけではありません。単に1つの指標だけで安全性等を判断することは適切ではありませんので、たえずなぜ指標が変化したかを考える必要があります。

図表24_2　安全性分析の指標

短　期	流動比率、当座比率
長　期	自己資本比率、負債比率、固定比率、固定長期適合率
その他	1株当たり純資産、1株当たり純資産倍率

短期的指標

(1) 流動比率

流動比率とは、1年以内に資金化できる流動資産と1年以内に支払わなければならない流動負債の比率です。流動負債の何倍の流動資産があるかを示す指標で、これから財務の安全性がわかります。

流動比率は、流動資産を流動負債で割ることで求められます。

算　式

$$流動比率 = \frac{流　動　資　産}{流　動　負　債} \times 100$$

ポイント

・流動比率が高いほど安全性が高い。

・一般に、流動比率が200％以上あることが理想。

・現実的には、流動比率が100％超であれば問題なく、100％以下であれば問題がある。

製造業では原材料・仕掛品・製品といった棚卸資産が多いので流動比率は高く、非製造業では棚卸資産が少ないので流動比率は低くなるので注意が必要です。したがって、業種の異なる企業と比較することはあまり意味がありません。業種平均や企業の過去の年度と比較することが有効です。

➡やってみよう

第23節に示した貸借対照表からA社とB社の流動比率を計算し、分析してみよう。

➡計算

A社とB社の流動比率は、次のとおりです。

企業	年度	流動資産（千円）	流動負債（千円）	流動比率（%）
A社	前期	194,200	76,000	255.5
	当期	244,000	90,700	269.0
B社	前期	89,800	116,000	77.4
	当期	128,500	118,500	108.4

➡分析

A社の流動比率は200％をこえており、安全性が高いのですが、B社の流動比率は、前期は100％以下となっており、安全性が低いことがわかります。

(2) 当座比率

当座比率とは、流動負債に対する当座資産の割合です。

すなわち、短期的に支払いが発生する金額に対する、資産処分をしないで支払える資金の比率で、資金の余裕度をみることができます。ここで、当座資産とは、現預金、受取手形、売掛金、売買目的有価証券といった流動資産のうちすぐに資金化できるものをさします。

上記（1）の流動比率の算式で分子の流動資産から棚卸資産をのぞいたものが当座資産です。流動比率よりも企業の短期的支払いに対する能力を厳格にみることになります。

当座比率は、当座資産を流動負債で割ることで求められます。

復習ポイント④

当座資産については、第10節（p.63）で学習しました。

ステップアップ③

当座比率よりさらに厳格に短期の支払能力をみることができるものに**現預金比率**があります。これは、現預金を流動負債で割って求めます。

算式

$$当座比率 = \frac{当座資産}{流動負債} \times 100$$

ポイント

・通常100％以上あればよい。

・しかし、経営が順調で棚卸資産が増加し、流動比率が上がったが、当座比率が下がることもありえるので、注意が必要です。

➡やってみよう

第23節に示した貸借対照表からA社とB社の当座比率を計算し、分析してみよう。

➡計算

A社とB社の当座比率は、次のとおりです。

企業	年度	当座資産（千円）	流動負債（千円）	当座比率（％）
A社	前期	149,200	76,000	196.3
	当期	193,000	90,700	212.8
B社	前期	52,800	116,000	45.5
	当期	52,500	118,500	44.3

➡分析

A社の当座比率は100％以上あり、安全性が高いのですが、B社の当座比率は40％台であり、安全性が低いことがわかります。

長期的指標

（1）自己資本比率

自己資本比率とは、総資産に対する自己資本の割合です。

他人資本とは、負債のことです。他人資本が多いということは、借金が多

復習ポイント⑤

総資産については、第9節（p.53）で学習しました。

復習ポイント⑥

自己資本と他人資本については、第9節（p.55）で学習しました。

復習ポイント⑦

負債については、第12節（pp.70-74）で学習しました。

いということです。負債はいずれ返済しなくてはならないものです。これに対し、**自己資本**とは、株主みずからが提供した資金および企業活動により蓄積された資金であり、返済の必要がない資金です。貸借対照表では、純資産の部における「**株主資本**」と「**評価・換算差額等**」の合計額をさします。

自己資本比率は、自己資本を総資産で割ることで求められます。

復習ポイント⑧

純資産については、第14節（pp.81-88）で学習しました。

ステップアップ④

業種にもよりますが、自己資本比率が40〜50％あれば安全性の観点からは問題がないでしょう。

算　式

$$自己資本比率 = \frac{自己資本}{総資産} \times 100$$

ポイント

・自己資本比率が高い ⇒ 資金返済がとどこおる可能性が低くなり、安全性は高い。
・自己資本比率が高い企業は、景気の変動に左右されにくい。

自己資本比率を高くするにはどうしたらよいでしょうか。以下の図表24_3に示している3つの方法が考えられます。

図表24_3　自己資本比率改善の方法

方　法	具体的な内容
①資本の増加	増資
②資産の減少	棚卸資産の圧縮、固定資産の処分等
③利益の増加	売上の増加、あるいは費用の削減

①資本の増加については、直接自己資本を増加する方法で、借金ではないので返済義務はありません。ただし、株主に配当金を支払う必要が生じます。3つの方法のうちでは、③利益の増加が最も望ましい方法でしょう。

➡やってみよう
第23節に示した貸借対照表からA社とB社の自己資本比率を計算し、分析してみよう。
➡計算
A社とB社の自己資本比率は、次のとおりです。

企業	年度	自己資本（千円）	総資産　　　（千円）	自己資本比率（%）
A社	前期	260,600	352,600	73.9
	当期	290,900	395,900	73.5
B社	前期	91,100	354,200	25.7
	当期	84,600	371,100	22.8

➡分析
A社の自己資本比率は高く、安全性が高いのですが、B社の自己資本比率は低く、安全性が低いことがわかります。

---

(2) 負債比率

負債比率（Debt Equity Ratio：D/E レシオ）とは、他人資本（負債）に
どの程度依存しているかを示すものです。

負債比率は、負債を自己資本で割ることで求められます。

算 式

$$負債比率 = \frac{負 \ 債}{自 \ 己 \ 資 \ 本} \times 100$$

ポイント

・負債比率が低い ⇒ 資金返済がとどこおる可能性が低くなり、
　　　　　　　　　　安全性は高い。
　　　　　　　　ステップアップ⑤
・実際には負債比率が大きい企業が多い。

ステップアップ⑤

日本では、従来他人資本に依
存した経営が行われてきてお
り、欧米の国々に比べて負債
比率が高いといえます。

➡やってみよう
第23節に示した貸借対照表からA社とB社の負債比率を計算し、分析して
みよう。

➡計算
A社とB社の負債比率は、次のとおりです。

企業	年度	負 債（千円）	自己資本（千円）	負債比率（％）
A社	前期	88,900	260,600	34.1
	当期	101,700	290,900	35.0
B社	前期	261,900	91,100	287.5
	当期	285,000	84,600	336.9

➡分析
A社の負債比率は50％以下であり、安全性が高いのですが、B社の負債比
率は300％前後となっており、安全性が低いことがわかります。

(3) 固定比率
　　　　　　　　　　　　　　復習ポイント⑨
固定比率とは、設備投資すなわち固定資産への資金投入がどの程度自己資
本でまかなわれているかを示すものです。

固定比率は、固定資産を自己資本で割ることで求められます。

復習ポイント⑨

固定資産については、第10
節～第11節（pp.56-69）
で学習しました。

算 式

$$固定比率 = \frac{固 \ 定 \ 資 \ 産}{自 \ 己 \ 資 \ 本} \times 100$$

ポイント
　　　ステップアップ⑥
・100％未満が望ましい。

ステップアップ⑥

回収に長期間を要する固定資
産の取得には、返済の必要の
ない自己資本を用いたほうが
よいからです。

➡やってみよう

第23節に示した貸借対照表からA社とB社の固定比率を計算し、分析してみよう。

➡計算

A社とB社の固定比率は、次のとおりです。

企業	年度	固定資産（千円）	自己資本（千円）	固定比率（%）
A社	前期	158,400	260,600	60.8
	当期	151,900	290,900	52.2
B社	前期	264,400	91,100	290.2
	当期	242,600	84,600	286.8

➡分析

A社の固定比率は100％未満となっており、安全性が高いのですが、B社の固定比率は300％に近く、安全性が低いことがわかります。

（4）固定長期適合率

復習ポイント⑩

固定負債については、第12節（pp.70-74）で学習しました。

固定長期適合率とは、設備投資すなわち固定資産への資金投入がどの程度自己資本および固定負債でまかなわれているかを示すものです。固定負債は1年をこえて返済することが予定されている負債で、銀行からの長期借入金や社債などが該当します。

固定長期適合率は、固定資産を（自己資本＋固定負債）で割ることで求められます。

算 式

$$固定長期適合率 = \frac{固定資産}{自己資本＋固定負債} \times 100$$

ポイント

・100％以下であることが必要である。

・100％以下でも過去からの推移で固定長期適合率が上昇している場合は注意が必要。

_{ステップアップ⑦}

ステップアップ⑦

①固定資産の増加、②自己資本の減少、③固定負債の減少、が考えられ、財務状態が悪化している可能性があります。

トピック②

シャープの固定比率と固定長期適合比率の推移

シャープは、液晶パネルなどの不振により業績が悪化し、2016年に台湾の鴻海精密工業の傘下に入りました。そのシャープの経営危機におちいる変遷を、固定比率と固定長期適合率を使ってみてみましょう。

決算期	2014/3	2015/3	2016/3
固定比率	413%	288%	△1,404%
固定長期適合比率	130%	185%	328%

出所：シャープの連結財務諸表（2014/3～2016/3）の数値にもとづき作成

➡やってみよう

ステップアップ⑧

第23節に示した貸借対照表からA社とB社の固定長期適合率を計算し、分析してみよう。

➡計算

A社とB社の固定長期適合率は、次のとおりです。

企業	年度	固定資産 （千円）	自己資本＋ 固定負債（千円）	固定長期適合率 （%）
A社	前期	158,400	273,500	57.9
	当期	151,900	301,900	50.3
B社	前期	264,400	237,000	111.6
	当期	242,600	251,100	96.6

➡分析

A社の固定長期適合率は100％未満となっており、安全性が高いのですが、B社の固定長期適合率は100％前後であり、安全性が低いことがわかります。

ステップアップ⑧

固定長期適合率がよくない場合には流動比率もよくないということになります。

その他

（1）1株当たり純資産

1株当たり純資産（BPS：Book-value Per Share）とは、株式1株についての純資産を示します。

1株当たり純資産は、純資産を発行済株式数で割ることで求められます。

算式

$$1株当たり純資産 = \frac{純資産}{発行済株式総数}$$

ポイント

・多いほうが望ましい。

復習ポイント⑪

純資産については、第14節（pp.81-88）で学習しました。

ステップアップ⑨

株主の観点からは、1株当たり純資産が大きければ、純財産が多く、安全性が高いので、そのような企業に投資しようと考えるでしょう。

トピック③

PBRが1倍を下回る銘柄が急増

2020年3月6日付の日本経済新聞電子版では、以下の記事がみられます。

東京株式市場でPBR（株価純資産倍率）が1倍を下回る銘柄が急増している。「解散価値」とも呼ばれる1株当たり純資産を株価が下回る銘柄は、6日時点で東証1部の約56％に達した。PBR1倍割れは、不人気銘柄だけでなく、トヨタ自動車やNTTなど主力株にも広がっている。世界的な新型コロナウイルスの感染拡大で投資マネーの萎縮が広がっている。（後略）

出所：「トヨタやNTTなど主力株も 『解散価値』割れ56％に 東証1部 新型コロナでマネー萎縮」日本経済新聞 2020年3月6日電子版

➡やってみよう

第23節に示した貸借対照表および参考資料からＡ社とＢ社の1株当たり純資産を計算し、分析してみよう。

➡計算

Ａ社とＢ社の1株当たり純資産は、次のとおりです。

企業	年度	純資産（千円）	発行済株式総数 （千株）	1株当たり純資産 （円）
Ａ社	前期	263,700	200	1,319
	当期	294,200	200	1,471
Ｂ社	前期	92,300	260	355
	当期	86,100	260	331

➡分析

Ａ社の1株当たり純資産は前期1,319円から当期1,471円に上昇していますが、Ｂ社の1株当たり純資産は前期355円から当期331円に低下しています。

（2）1株当たり純資産倍率

1株当たり純資産倍率（PBR：Price Book-value Ratio）は株価純資産倍率ともいわれ、1株当たり純資産に対して株価がどのくらいの倍率になっているかを示すものです。株価はその会社の総合的な評価といえますが、その株価が1株当たり純資産、すなわち株主持分を上回っている部分はその会社の潜在的プレミアムと考えることができます。

1株当たり純資産倍率は、株価を1株当たりの純資産で割ることで求められます。

算 式

$$1株当たり純資産倍率 = \frac{株\ \ 価}{1株当たり純資産}$$

ポイント

・高い ⇒ 経営が高く評価されている。

・低い ⇒ 経営が低く評価されている。

通常この指標は**株価収益率**（PER）と組み合わせて使用されますが、これは1株当たり純資産倍率が企業をストック面からみているのに対して、株価収益率はフロー面からみていて、2つの指標がそれぞれ補完関係にあるためです（図表24_4）。

ステップアップ⑩

1株当たり純資産は、自社株買いや株式併合によって発行済株式総数が減少すると高くなります。
一方で、株式分割や転換社債の発行、ストックオプションなどで発行済株式総数が増加すると低くなります。
また、利益を増やすなどして純資産を増加させれば、1株当たり純資産を高めることが可能です。

予習ポイント①

株価収益率（PER）については、第25節（p.178）で学習します。

ステップアップ⑪

しかし、株主持分を帳簿価格にもとづいて計算しているため、いわゆる土地や保有株の含み資産が必ずしも反映されないことが難点です。最近では含み資産を考慮した修正率が使われることも多いようです。

図表24_4　1株当たり純資産倍率と株価収益率の関係

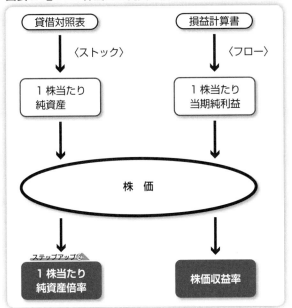

ステップアップ⑫

PBR は株価が割高か割安かを判断するときに利用されます。PBR が高ければ高いほど割高、低ければ低いほど割安と判断でき、一般的に PBR が1倍未満の場合、株価は割安と考えられています。

ただし、PBR が1倍未満ということは、何か悪い材料があるからこそ1倍未満になっているとも考えられます。その原因が赤字や倒産の場合もあるので注意が必要です。PBR は株価の割安さを判断するうえでの重要な指標の1つですが、1つだけで利用するのではなく、その他の指標と併用して、その銘柄の投資判断を行っていくのがよいでしょう。

➡やってみよう

第23節に示した貸借対照表および参考資料からA社とB社の1株当たり純資産倍率を計算し、分析してみよう。

➡計算

A社とB社の1株当たり純資産倍率は、次のとおりです。

企業	年度	株価（円）	1株当たり純資産（円）	1株当たり純資産倍率（倍）
A社	前期	5,100	1,319	3.87
	当期	6,300	1,471	4.28
B社	前期	230	355	0.65
	当期	150	331	0.45

➡分析

A社の1株当たり純資産倍率は4倍前後ありますが、B社の1株当たり純資産倍率は1倍を下回っており、A社のほうがプレミアムが高いといえます。

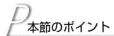 本節のポイント

✐貸借対照表における安全性分析が理解できましたか。

損益計算書およびキャッシュ・フロー計算書を読む

本節で学習する箇所

（1）損益計算書の数値を用いて各指標を算出してみましょう。

（2）それにもとづき、企業の収益性、成長性について分析をしてみましょう。

（3）キャッシュ・フロー計算書の数値を用いて各指標を算出してみましょう。

（4）それにもとづき、企業の収益性、安全性について分析してみましょう。

1　損益計算書を読む

損益計算書

復習ポイント①

収益、費用、利益（または損失）の意味や内容については、第15節～第18節(pp.92-119)で学習しました。
損益計算書からは、企業がどのくらいの利益を得たかがわかります。

損益計算書は、一定期間の企業の経営成績をあらわしたものです。図表25_1のように、左側に費用および利益、右側に収益が並んでいます。なお、利益ではなく、損失が生じている場合には、右側に表示されます。そして、収益＝費用＋利益となります。

図表25_1　損益計算書のしくみ

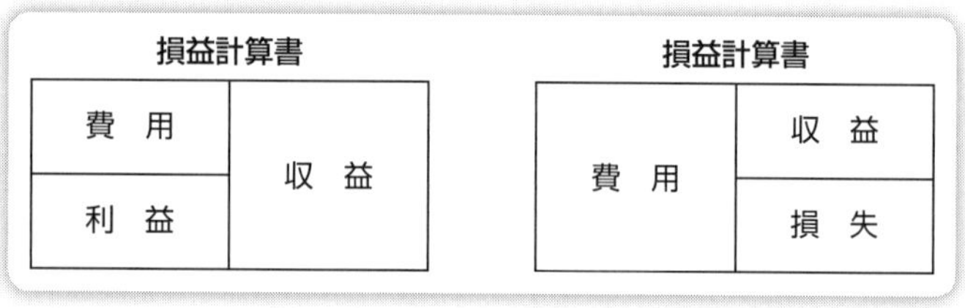

損益計算書		
費　用	収　益	
利　益		

損益計算書		
費　用	収　益	
	損　失	

　第23節の損益計算書では、A社およびB社の前期の数値は以下の図表25_2のとおりです。

図表25_2　A社およびB社の損益計算上の数値（前期）比較

	A　社（千円）	B　社（千円）
売上高	525,200	625,200
売上原価	351,400	468,300
売上総利益	173,800	156,900
販売費及び一般管理費	107,600	135,100
営業利益	66,200	21,800

　A社の売上高はB社の売上高より100,000千円少ないにもかかわらず、A社の営業利益はB社の営業利益の約3倍です。このように、単に売上が多ければよいというものではありません。企業にとっては、いかに多くの利益を得るかが重要です。

　一般に、利益が少ないのは、売上原価が多すぎるのか、あるいは販売費及び一般管理費が多すぎるのか、損益計算書からその理由が推測されます。一

方、利益が多くなったのは、売上原価が節減されたからか、あるいは販売費及び一般管理費を節減できたからかがわかります。企業自身にとっても経営改善に役立たせることができます。また、企業の利益状況は、株主、金融機関等にとってもひじょうに重要な情報です。企業の利益状況を分析するためには、次に説明するように、**収益性分析**を行うことが必要です。

　まず、損益計算書という個々の財務諸表を分析して、その後損益計算書と貸借対照表の双方を用いた分析を行ってみましょう。

損益計算書における収益性分析
_{復習ポイント②}

　損益計算書に表示されている利益には、売上総利益、営業利益、経常利益、税引前当期純利益、当期純利益があります。

　収益性分析を行うに当たっては、売上に対してこれらの利益がどれくらいあるかという指標を用います。

復習ポイント②

売上総利益、営業利益、経常利益、税引前当期純利益、当期純利益については第15節～第18節（pp.92-119）で学習しました。

図表25_3　収益性分析の指標

売上高利益率	売上高総利益率、売上高営業利益率、売上高経常利益率、売上高当期純利益率
その他	1株当たり当期純利益、配当性向、株価収益率

（1）売上高総利益率

　売上高総利益率は、売上高に占める売上総利益の割合で、粗利益率、グロス・マージン率（Gross Margin Ratio）ともいわれます。売上総利益は売上高から売上原価を控除して求められます。売上原価とは、販売した商品や製品の仕入れや製造に要した費用です。

ステップアップ①

売上高費用率を用いて分析することもあります。売上原価を売上高で割った売上高原価率、販売費及び一般管理費を売上高で割った売上高販売管理費率等があります。

算　式

$$売上高総利益率 = \frac{売上総利益}{売上高} \times 100$$

ポイント

・高いほうが望ましい。
・業種や商品のブランド力により利益率に差がある。
_{ステップアップ②}

　また、売上高総利益率は、1から売上原価率を控除しても求められます。売上原価率とは、売上に占める売上原価の割合です。

ステップアップ②

売上高総利益率からは、企業の商品力がわかります。ブランド力のある商品を取り扱っている場合は、売上高総利益率は高くなります。なお、小売業と卸売業、製造業といった業種によっても、大きな相違があります。商社のように薄利多売の業種では、一般的に売上高総利益率は低いといえます。

算式

$$売上高総利益率 = \left(1 - \frac{売上原価}{売上高}\right) \times 100$$

$$= \frac{売上高 - 売上原価}{売上高} \times 100$$

$$= \frac{売上総利益}{売上高} \times 100$$

通常、売上高総利益率は、あまり大きく変動はしません。したがって、急に売上高総利益率が変動した場合、たとえば、2倍になったとか半減した場合は注意する必要があります。

ステップアップ③

日本では、売上高総利益率は重視されていますが、国によっては扱いが異なります。米国では、さほど重視されておらず、財務諸表にも記載されません。

➡やってみよう

第23節に示した損益計算書からA社とB社の売上高総利益率を計算し、分析してみよう。

➡計算

A社とB社の売上高総利益率は、次のとおりです。

企業	年度	売上総利益（千円）	売上高（千円）	売上高総利益率（%）
A社	前期	173,800	525,200	33.1
	当期	215,100	633,800	33.9
B社	前期	156,900	625,200	25.1
	当期	107,100	531,800	20.1

➡分析

A社の場合、売上高が伸び、売上高総利益率も33.1%から33.9%へ増加しています。一方、B社の場合、売上高が減少し、売上高総利益率も25.1%から20.1%へ下落しています。A社の売上高総利益率は高く、収益性が高いのですが、B社の売上高総利益率は若干低く、収益性が急低下していることがわかります。

トピック④

収益性分析の指標

中小企業（法人企業）における2017（平成29）年度の指標は以下のとおりです（全産業ベース）。

項　目	指標
売上高総利益率	25.05%
売上高営業利益率	3.10%
売上高経常利益率	3.70%

出所：「平成30年度中小企業実態基本調査速報」中小企業庁より作成

(2) 売上高営業利益率

売上高営業利益率は、売上高に占める営業利益の割合で、オペレーティング・マージン率ともいわれます。売上高営業利益率は、本業による利益を示すもので、いかに効率のよい経営をしているかを示しています。営業利益は、売上総利益から販売費及び一般管理費（販管費）を控除して求められます。

> **算 式**
>
> $$売上高営業利益率 = \frac{営業利益}{売上高} \times 100$$
>
> **ポイント**
>
> ・高いほうが望ましい。

売上高営業利益率は、売上高総利益率から売上高販売管理費率（販管費率）を控除しても求められます。販管費率とは、売上に占める販売費及び一般管理費（販管費）の割合です。

> **算 式**
>
> $$売上高営業利益率 = 売上高総利益率 - 売上高販管費率$$
> $$= \left(\frac{売上総利益}{売上高} - \frac{販管費}{売上高} \right) \times 100$$
> $$= \frac{営業利益}{売上高} \times 100$$

➡やってみよう

第23節に示した損益計算書からA社とB社の売上高営業利益率を計算し、分析してみよう。

➡計算

A社とB社の売上高営業利益率は、次のとおりです。

企業	年度	営業利益（千円）	売上高（千円）	売上高営業利益率（%）
A社	前期	66,200	525,200	12.6
	当期	97,800	633,800	15.4
B社	前期	21,800	625,200	3.5
	当期	△25,600	531,800	△4.8

➡分析

A社の売上高営業利益率は高く、収益性が高いのですが、B社の売上高営業利益率は低く、収益性が低いことがわかります。

トピック⑤

売上高営業利益率ランキング

売上高営業利益率ランキングは以下のとおりです（2019年上位5社）。

順位	企業名	営業利益率(%)
1	アサックス	71.08
2	宮越ホールディングス	70.10
3	手間いらず	64.99
4	日本ファルコム	59.90
5	日本取引所グループ	57.40

出所：「2019年営業利益率ランキング」Strainer HP https://strainer.jp/markets/より作成

(3) 売上高経常利益率

売上高経常利益率は、売上高に占める経常利益の割合です。経常利益は、営業利益から営業外損益を加減算して求めます。経常利益は、企業の経常的な活動から得られた利益です。

算 式

$$売上高経常利益率 = \frac{経\,常\,利\,益}{売\ \ 上\ \ 高} \times 100$$

ポイント

・高ければ、経常的な収益性が高い。

➡やってみよう

第23節に示した損益計算書からA社とB社の売上高経常利益率を計算し、分析してみよう。

➡計算

A社とB社の売上高経常利益率は、次のとおりです。

企業	年度	経常利益（千円）	売上高（千円）	売上高経常利益率（%）
A社	前期	67,150	525,200	12.8
	当期	99,800	633,800	15.7
B社	前期	6,900	625,200	1.1
	当期	△41,600	531,800	△7.8

➡分析

A社の売上高経常利益率は高く、収益性が高いのですが、B社の売上高経常利益率は低く、収益性がきわめて低いことがわかります。

(4) 売上高当期純利益率

売上高当期純利益率は、売上高に占める当期純利益の割合です。当期純利益は、経常利益に特別損益を加減算して、税引前当期純利益を計算し、そこから「法人税、住民税及び事業税」（法人税等）を控除して求めます。

売上高当期純利益率は、一定期間における企業のすべての活動の損益を示しています。

→やってみよう

第23節に示した損益計算書からA社とB社の売上高当期純利益率を計算し、分析してみよう。

→計算

A社とB社の売上高当期純利益率は、次のとおりです。

企業	年度	当期純利益（千円）	売上高（千円）	売上高当期純利益率（%）
A社	前期	40,000	525,200	7.6
	当期	60,600	633,800	9.6
B社	前期	4,300	625,200	0.7
	当期	△7,800	531,800	△1.5

→分析

A社の売上高当期純利益率は高く、収益性が高いのですが、B社の売上高当期純利益率は低く、収益性が低いことがわかります。

(5) 1株当たり当期純利益

1株当たり当期純利益（EPS：Earnings Per Share）は、株主資本の活用度を示すもので、株主にとって重要な指標です。1株当たり当期純利益は、基本的に、当期純利益を発行済株式数で割って算出します。

いくら当期純利益が大きくとも、株式数が多ければ1株当たり純利益は少なくなります。

なお、新株予約権付社債を発行している場合、将来、株式が発行される予定の株式（潜在的株式）があるので、考慮する必要があります。したがって、潜在的株式を調整したあとの1株当たり当期純利益を用いることもあります。

ステップアップ④

株式併合や株式償却等により、1株当たり純利益が上昇したり、第三者割当増資や株式分割等により1株当たり当期純利益が下降したりすることがあります。

復習ポイント③

新株予約権については、第14節（pp.85-86）で学習しました。

➡やってみよう

第23節に示した損益計算書および参考資料からＡ社とＢ社の１株当たり当期純利益を計算し、分析してみよう。

➡計算

Ａ社とＢ社の１株当たり当期純利益は、次のとおりです。

企業	年度	当期純利益 （千円）	発行済株式数 （千株）	１株当たり 当期純利益（円）
Ａ社	前期	40,000	200	200
	当期	60,600	200	303
Ｂ社	前期	4,300	260	16.5
	当期	△7,800	260	△30.0

➡分析

Ａ社は当期純利益が増加し、１株当たり当期純利益が200円～303円と収益性が高いのですが、Ｂ社は当期純利益が減少し、１株当たり当期純利益が前期16.5円から、当期は欠損となり、収益性が低いことがわかります。

トピック⑥

キヤノンの EPS/ROE/ROA の推移

　以下はキヤノンの連結ベースでの EPS/ROE/ROA の数値の経緯をグラフ化したものです。

出所：キヤノンHP　https://global.canon/ja/ir/finance/indicators.html

(6) 配当性向

復習ポイント④
　配当性向とは、当期純利益に占める配当金額の割合です。株主の観点からは、配当を期待して投資していることから、企業の配当に対する姿勢がわかる配当性向は重要な分析指標です。　**ステップアップ⑤**

算式

$$配当性向 = \frac{配\quad 当\quad 金}{当期純利益} \times 100$$

ポイント

・配当性向が高い　⇒　純利益の割に配当が多い。

・配当性向が低い　⇒　純利益の割に配当が少ない。

・もし、配当性向が100％をこえていたら、純利益をこえて配当しているわけで、内部留保を取りくずしたことになりますので、要注意。

➡やってみよう
第23節に示した損益計算書および参考資料からＡ社とＢ社の配当性向を計算し、分析してみよう。　**復習ポイント⑤　ステップアップ⑥**

➡計算
Ａ社とＢ社の配当性向は、次のとおりです。

企業	年度	年間配当額（千円）	当期純利益（千円）	配当性向（％）
Ａ社	前期	8,400	40,000	21.0
	当期	17,600	60,600	29.0
Ｂ社	前期	190	4,300	4.4
	当期	0	△ 7,800	0.0

➡分析
Ａ社の配当性向は21.0％～29.0％と高く、株主にとっては望ましい投資先といえます。Ｂ社の配当性向は4.4％から0.0％へと下降しており、株主にとっては投資先としてはさけるべき企業といえます。

復習ポイント④

配当性向については、第21節（p.139）で学習しました。

ステップアップ⑤

配当金支払額を発行済株式総数で割ったものが、1株当たり配当金です。
配当金の支払額だけで比較するのは意味がありません。
配当金の支払額が多くとも、発行済株式総数が多ければ1株当たりの配当金は少なくなります。
数字のマジックに注意する必要があります。

復習ポイント⑤

総還元性向については、第21節（p.139）で学習しました。

ステップアップ⑥

総還元性向は、企業が得た利益をどのくらい株主に還元しているかを示す財務指標で、「株主還元性向」や「総配分性向」ともよばれます。これは、配当と自社株買いをあわせた金額を当期純利益で割った比率です。
最近では、配当金のみの割合を示す配当性向よりも株主への利益配分を幅ひろく示す概念として総還元性向を経営目標に採用する企業が増えています。
総還元性向が高い企業は利益の多くを株主に還元しており、総還元性向が低い企業は利益のうち株主への還元が少なく、内部留保が多いといえます。

（7）株価収益率

株価収益率（**PER**：Price Earnings Ratio）とは、株価を1株当たり当期純利益で割ったものです。

ステップアップ⑦

株価は市場で取引されている価格です。
株価収益率（PER）については、『日経会社情報』に記載されていますので調べてみましょう。

復習ポイント⑥

1株当たり純資産倍率については、第24節（pp.168-169）で学習しました。

> **算 式**
>
> $$株価収益率 = \frac{株\ 価}{1株当たり当期純利益}$$
>
> **ポイント**
>
> ・株価収益率が高い　⇒　株価が1株当たり当期純利益の何倍もの価格で取引されているわけで、市場の評価が高い。
>
> ・株価収益率が低い　⇒　株価が1株当たり当期純利益に比べて低い価格で取引されているわけで、市場の評価が低い。
>
> ・一般に、株価収益率が14から20くらいが適正。

GAFA の PER

世界的に有名な GAFA の 2019 年予想 PER は以下のとおりです。

グーグル(注)	28.09 倍
アップル	20.62 倍
フェイスブック	31.54 倍
アマゾン	87.22 倍

（注）親会社名はアルファベットです。

出所：「財務でみる GAFA、違い浮き彫り　アップルは借金上手」日本経済新聞　2019 年 12 月 3 日電子版より作成

➡やってみよう

第23節に示した損益計算書および参考資料からA社とB社の株価収益率を計算し、分析してみよう。

➡計算

A社とB社の株価収益率は、次のとおりです。

企業	年度	株価（円）	1株当たり当期 純利益　　　（円）	株価収益率（倍）
A社	前期	5,100	200	25.5
	当期	6,300	303	20.8
B社	前期	230	16.5	13.9
	当期	150	△ 30.0	―

➡分析

A社の当期株価収益率は20.8倍ですが、B社の当期株価収益率は急激に悪化しており、株主にとっては投資先としてはさけるべき企業といえます。

損益計算書における成長性分析

損益計算書には、売上総利益、営業利益、経常利益、当期純利益等が表示されています。企業の成長性をみるには、それらの利益の推移を分析します。そのさい、当年度の数値を前年度の数値と比較するだけでなく、3年～5年間程度の数値をみることが必要です。

図表 25_4　成長性分析の指標

> 増収率、増益率

(1) 増収率

増収率を用いて企業の成長性をみます。増収率とは収益の増加率ですから、売上高の伸び率を過去の年度と比較します。企業が成長過程にあるときはよいのですが、ある程度成熟してしまうと、伸び率は低下してきます。これは毎年の売上高増加額が同じであっても分母の売上高が年々大きくなるから伸び率としては相対的に低下するからです。

$$増収率 = \frac{当期売上高 - 前期売上高}{前期売上高} \times 100$$

➡やってみよう
第23節に示した損益計算書からA社とB社の増収率を計算し、分析してみよう。第23節のデータには、前々期（前の期）の売上高は示されていないので、A社は424,900千円、B社は720,100千円であったと仮定します。

➡計算
A社とB社の増収率は、次のとおりです。

企業	年度	当期売上高（千円）	前期売上高（千円）	増収率（%）
A社	前期	525,200	424,900	23.6%
	当期	633,800	525,200	20.7%
B社	前期	625,200	720,100	△ 13.2%
	当期	531,800	625,200	△ 14.9%

➡分析
A社は売上高が増加し、増収率が23.6%～20.7%と連続して増収であり、成長性が高いのですが、B社は売上高が減少し、増収率が△13.2%～△14.9%と成長性が低いことがわかります。

(2) 増益率

増収率以外にも、**増益率**を用いて企業の成長性をみます。増益率とは、利益の増加率ですから、利益の伸び率を過去の年度と比較します。利益には、営業利益、経常利益、当期純利益等がありますが、ここでは当期純利益を使用します。

$$増益率 = \frac{当期純利益 - 前期純利益}{前期純利益} \times 100$$

なお、増益率は以下の算式によっても求められます。

$$増益率 = \left(\frac{当期純利益}{前期純利益} - 1 \right) \times 100$$

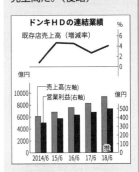

➡やってみよう

第23節に示した損益計算書からA社とB社の増益率を計算し、分析してみよう。第23節のデータには、前々期（前の期）の当期純利益は示されていないので、A社は24,800千円、B社は5,700千円であったと仮定します。

➡計算

A社とB社の増益率は、次のとおりです。

企業	年度	当期純利益 （千円）	前期純利益 （千円）	増益率 （%）
A社	前期	40,000	24,800	61.3
	当期	60,600	40,000	51.5
B社	前期	4,300	5,700	△24.6
	当期	△7,800	4,300	△281.4

➡分析

A社は当期純利益が増加し、増益率が61.3％〜51.5％と成長性が高いのですが、B社は当期純利益が減少し、増益率が△24.6％〜△281.4％と成長性がきわめて低いことがわかります。

**貸借対照表と
損益計算書を読む**　　　貸借対照表や損益計算書を、単独で読むのでは十分ではありません。より詳細な分析を行うのであれば、貸借対照表と損益計算書とを同時に読むことが必要です。図表25_5の指標は、貸借対照表に表示されているものと損益計算書に表示されているものから算出します。

図表25_5　貸借対照表と損益計算書を用いる指標

資本利益率	総資産利益率（ROA）、自己資本利益率（ROE）
資本回転率	総資本回転率、売上債権回転期間（日数）、仕入債務回転期間（日数）、棚卸資産回転期間（日数）

（1）資本利益率

資本利益率は、利益を資本で割って算出します。資本に対して利益をどのくらい生みだしたかがわかります。資本利益率を用いた収益性分析は、企業を分析するさいの中心的な指標です。

ステップアップ⑧

米国では、企業の収益性を判定するのに総資産利益率や自己資本利益率が多く使われます。

算　式

$$資本利益率 = \frac{利　益}{資　本} \times 100$$

ポイント

・資本利益率が高い ⇒ 資本を効率的に活用して利益を出している。

・資本利益率が低い ⇒ 資本を効率的に活用しておらず、利益を出していない。

資本利益率は、売上高利益率と資本回転率とに分解して、検討します。

$$\text{資本利益率} = \text{売上高利益率} \times \text{資本回転率}$$

$$\left(\frac{\text{利益}}{\text{資本}} = \frac{\text{利益}}{\text{売上高}} \times \frac{\text{売上高}}{\text{資本}} \right)$$

① 総資産利益率

総資産利益率（ROA：Return on Assets）は、利益を総資産で割って算出します。総資産に対して利益をどのくらい出したかがわかります。経営者の観点からみると、総資産を使用してどれだけの利益を出したかを評価することが重要です。

分子の利益については、上記の資本利益率と同様、いくつかの利益があります。

算 式

$$\text{総資産利益率} = \frac{\text{利益}}{\text{総資産}} \times 100$$

ポイント

・総資産利益率が高い ⇒ 総資産を効率的に活用して利益を出している。

・総資産利益率が低い ⇒ 総資産を効率的に活用して利益を出していない。

➡やってみよう

第23節に示した貸借対照表および損益計算書からA社とB社の総資産当期純利益率を計算し、分析してみよう。

➡計算

A社とB社の総資産当期純利益率は、次のとおりです。

企業	年度	当期純利益（千円）	総資産（千円）	総資産当期純利益率（%）
A社	前期	40,000	352,600	11.3
	当期	60,600	395,900	15.3
B社	前期	4,300	354,200	1.2
	当期	△7,800	371,100	△2.1

➡分析

A社の総資産当期純利益率は、11.3%〜15.3%と高く、総資産を効率的に活用しているのですが、B社は、1.2%〜△2.1%と低く、総資産を効率的に活用していないことがわかります。

ステップアップ⑨

p.155でふれましたが、期中平均額と期末の金額について、ここでくわしくみてみましょう。

一定時点の数値をのせた貸借対照表のなかの構成割合や、一定期間の数値をのせた損益計算書のなかの数値の比較、損益計算書とキャッシュ・フロー計算書の数値の計算であれば、期中平均を用いる必要はありません。

一方、一定時点の数値をのせた貸借対照表のなかの金額と一定期間の数値をのせた損益計算書のなかの金額を使って何かしらの比率を求める場合には、期中平均を用いることが適切です。

たとえば、「総資産営業利益率（＝利益÷総資産）」を考えてみてください。利益は当期（1年間）中にかせいだものです。その結果として、当期末の総資産が増えたことも考えられますが、その他の理由で総資産が増えるケースも考えられますので、当期首のことも考慮しないと、適切な計算はできないといえます。

ステップアップ⑩

ここでは当期純利益を用いますが、営業利益や経常利益を用いた指標も計算してみましょう。

ROE ランキング

日本経済新聞電子版によれば、2019 年 4 月 1 日時点の ROE ランキングは以下のとおりです。

	企業名	業　種	ROE(%)
1	タカネット	商社	123.18
2	石井表記	機械	63.50
3	SFH	その他金融	62.25
4	ZOZO	小売業	57.40
5	スマレジ	サービス	55.39
6	MSOL	サービス	55.10
7	Ａ バランス	電気機器	53.17
8	OK ウェイブ	サービス	52.67
9	VNX	サービス	51.88
10	TATERU	建設	51.34

出所：「ROE ランキング」日本経済新聞電子版 2019 年 4 月 1 日更新データより作成

② 自己資本利益率

　自己資本利益率（ROE：Return on Equity）は、利益を自己資本で割って算出します。自己資本に対して利益をどのくらいうみだしたかがわかります。自己資本とは、株主の払込資本等ですので、自己資本利益率は株主の出資に対してどのくらいの利益を出したかを示しています。分子の利益については、上記の総資産利益率と同様、いくつかの利益がありますが、株主の視点で収益性をみることから、当期純利益を用いることが適当です。

復習ポイント⑦

自己資本については、第 24 節（pp.163-164）で学習しました。

ステップアップ⑪

米国では、投資家が投下した資本に対して企業がどれだけ利益を上げたかを重視するので、自己資本利益率が最も重要視されています。

ステップアップ⑫

ここでは当期純利益を用いますが、営業利益や経常利益を用いた指標も計算してみましょう。

算　式

$$自己資本利益率 = \frac{当期純利益}{自己資本} \times 100$$

ポイント

- ・自己資本利益率が高い ⇒ 自己資本を効率的に運用して利益を出している（高配当や株価上昇を期待できる）。
- ・自己資本利益率が低い ⇒ 自己資本を効率的に運用して利益を出していない（低配当や株価低迷が予想される）。

➡やってみよう

第23節に示した貸借対照表および損益計算書からＡ社とＢ社の自己資本当期純利益率を計算し、分析してみよう。

➡計算

Ａ社とＢ社の自己資本当期純利益率は、次のとおりです。

企業	年度	当期純利益（千円）	自己資本（千円）	自己資本当期純利益率　　（%）
Ａ社	前期	40,000	260,600	15.3
	当期	60,600	290,900	20.8
Ｂ社	前期	4,300	91,100	4.7
	当期	△ 7,800	84,600	△ 9.2

➡分析

Ａ社の自己資本当期純利益率は、15.3％〜20.8％と高く、自己資本を効率的に運用しているのですが、Ｂ社は、4.7％〜△9.2％と低く、自己資本を効率的に運用していないことがわかります。

(2) 資本回転率

総資本（総資産）回転率

総資本（総資産）回転率は、売上高を総資本で割っ^{ステップアップ⑬}て算出します。総資本に対して売上高がどのくらいあるか、総資本の運用効率を示しています。

ステップアップ⑬

総資本（総資産）回転率のほかにも自己資本回転率、株主資本回転率、経営資本回転率等があります。これらについても計算してみましょう。

算 式

$$総資本（総資産）回転率（回）＝\frac{売上高}{総資本}$$

ポイント

・総資本（総資産）回転率が高い ⇒ 資本運用効率が高い。
・総資本（総資産）回転率が低い ⇒ 資本運用効率が低い。

➡やってみよう
第23節に示した貸借対照表および損益計算書からA社とB社の総資本（総資産）回転率を計算し、分析してみよう。

➡計算
A社とB社の総資本（総資産）回転率は、次のとおりです。

企業	年度	売上高（千円）	総資本（総資産）（千円）	総資本（総資産）回転率（回）
A社	前期	525,200	352,600	1.49
	当期	633,800	395,900	1.60
B社	前期	625,200	354,200	1.77
	当期	531,800	371,100	1.43

➡分析
A社の総資本（総資産）回転率は1.49回〜1.60回へと資本運用効率が高くなりましたが、B社の総資本（総資産）回転率は1.77回〜1.43回へと資本運用効率が低くなりました。

売上債権回転期間

売上債権回転期間は、受取手形と売掛金の合計である^{復習ポイント⑧}売上債権の回収にどのくらいの期間がかかるかを示して^{ステップアップ⑭}おり、経営効率を分析するのに重要な指標です。

売上債権回転期間（月）は、売上債権（受取手形＋売掛金）を売上高で割って算出します。月数ではなく、日数（**売上債権回転日数**）で示すこともあります。

トピック⑳

貸借対照表と損益計算書を用いる指標

中小企業（法人企業）における2017（平成29）年度の指標は以下のとおりです（全産業ベース）。

項 目	指標
自己資本当期純利益率	10.06％
総資本回転率	1.12回

出所：「平成30年度中小企業実態基本調査速報」中小企業庁より作成

復習ポイント⑧

受取手形、売掛金については、第10節（pp.57-58）で学習しました。

ステップアップ⑭

スーパーやコンビニなど現金販売を行っている業種をのぞき、通常は掛け売りによる取引が行われています。そのさいの売上代金が売掛金であり、売掛金を回収するさいに受取手形が用いられます。

算　式

$$売上債権回転期間（月）＝\frac{売上債権}{売上高}×12　または　\frac{売上債権}{月間売上高}$$

ポイント

・売上債権回転期間が短い　⇒　売上から回収までの期間が短いので、
　　　　　　　　　　　　　　　　経営上望ましい。

・売上債権回転期間が長い　⇒　売上から回収までの期間が長いので、
　　　　　　　　　　　　　　　　企業にとっては資金繰りが悪化する。

・しかし、得意先の取引条件に従って契約することが多く、自己で
　期間を決めることができないのが実情。

売上債権回転率（回）が算出されることもあります。

算　式

$$売上債権回転率（回）＝\frac{売上高}{売上債権}$$

→やってみよう

第23節に示した貸借対照表および損益計算書からA社とB社の売上債権回転期間（月）を計算し、分析してみよう。

→計算

A社とB社の売上債権回転期間（月）は、以下のとおりです。

企業	年度	受取手形＋売掛金 （千円）	月間売上高 （千円）	売上債権 回転期間（月）
A社	前期	9,800	43,767	0.22
	当期	12,500	52,817	0.24
B社	前期	10,800	52,100	0.21
	当期	18,500	44,317	0.42

→分析

A社の売上債権回転期間は0.22月〜0.24月ですが、B社の前期売上債権回転期間は0.21月とA社とかわらなかったのですが、当期は0.42月と長くなっており、売上債権の回収がおそくなっていることがわかります。

ステップアップ⑮

売上債権回転期間が悪化する要因

売上債権である売掛金や受取手形は現金での回収までに期間を要します。無事に回収できれば問題ありませんが、何らかの要因で回収不能や、回収期間の延長などの事態が発生することもありえます。

たとえば、得意先の資金繰りの悪化による回収期間の延長や、得意先の倒産による不良債権化などがあげられます。このような場合、売上債権は増え、売上債権回転期間は悪化します。このことから売上債権回転期間の悪化がみられた場合、売上債権に何らかの問題があることを推測することができるのです。

仕入債務回転期間は、支払手形と買掛金の合計である仕入債務の支払いにどのくらいの期間がかかるかを示しており、経営効率を分析するのに重要な指標です。

仕入債務回転期間（月）は、仕入債務（支払手形＋買掛金）を仕入高で割って算出します。月数ではなく、日数（**仕入債務回転日数**）で示すこともあります。

算 式

$$仕入債務回転期間（月）＝\frac{仕入債務}{仕入高}×12 \quad または \quad \frac{仕入債務}{月間仕入高}$$

ポイント

・仕入債務回転期間が短い ⇒ 仕入れから支払いまでの期間が短 〔ステップアップ⑯〕いので、企業にとっては資金繰りが悪化する。

・仕入債務回転期間が長い ⇒ 仕入れから支払いまでの期間が長いので、企業にとっては資金繰りに余裕ができる。

・従来は、支払いを先に延ばすことが有利と考えられていたが、最近は早期支払いを行い、仕入割引きを受ける、または総資産を減少させる企業が増えている。

仕入債務回転率（回）が算出されることもあります。

算 式

$$仕入債務回転率（回）＝\frac{仕　入　高}{仕　入　債　務}$$

➡やってみよう

第23節に示した貸借対照表および損益計算書からA社とB社の仕入債務回転期間（月）を計算し、分析してみよう。

➡計算

A社とB社の仕入債務回転期間（月）は、以下のとおりです。

企業	年度	支払手形＋買掛金（千円）	〔ステップアップ⑰〕月間仕入高（千円）	仕入債務回転期間(月)
A社	前期	45,500	29,450	1.54
A社	当期	49,400	35,392	1.40
B社	前期	55,500	38,900	1.43
B社	当期	55,000	38,642	1.42

➡分析

A社の仕入債務回転期間は1.54月から1.40月へ短縮されていますが、B社の仕入債務回転期間は1.43月から1.42月へとほぼ横ばいです。

棚卸資産回転期間

棚卸資産回転期間は、棚卸資産（在庫）に投下されている資金の効率をみる指標です。売上債権回転期間と同じく経営効率を分析するのに重要な指標です。棚卸資産回転期間は、卸小売業の場合は仕入れた商品が平均何か月で販売されるか、製造業の場合は原材料を仕入れて加工された製品が平均何か月で販売されるかを示しています。〔ステップアップ⑱〕

ステップアップ⑯

仕入債務回転期間が短い場合は、支払効率が悪く、支払条件の悪化や支払遅延のリスクが高まっている可能性が高いので、注意した方がよいでしょう。

なお、仕入債務回転期間は、現金商売や消費者相手の商売に比べて、卸売業や法人相手の商売の方が長くなる傾向にあるため、業種業態によって適正水準に差が生じます。

ステップアップ⑰

ここでは月間仕入高を用いていますが、月間売上原価や月間売上高を用いる場合もあります。

ステップアップ⑱

棚卸資産は多すぎても、少なすぎてもよくありません。適正な数値が望まれます。現在の棚卸資産の水準がどの程度で、問題があるのかどうかを判断するうえで、棚卸資産回転期間や棚卸資産回転率は便利な指標です。

棚卸資産が多いと商品が売れ残っていて資金が回収できず、会社の資金を圧迫したり、売れ残った商品が陳腐化するリスクがあります。逆に少なすぎると在庫が足りないことからせっかくの販売機会を失ってしまうリスクもあります。

棚卸資産回転期間（月）は、期末棚卸資産を売上高で割って12をかけて算出します。月数ではなく、日数（**棚卸資産回転日数**）で示すこともあります。

棚卸資産回転期間（月）は、**棚卸資産回転率**（回）からも算出できます。12をこの棚卸資産回転率で割ったものが棚卸資産回転期間となります。棚卸資産回転率は、売上高を棚卸資産で割って求められます。また、棚卸資産回転率は、**在庫回転率**ともいわれ、売上と在庫の割合から販売活動がどうかを示しています。

➡やってみよう

第23節に示した貸借対照表および損益計算書からA社とB社の棚卸資産回転期間（月）を計算し、分析してみよう。

➡計算

A社とB社の棚卸資産回転期間（月）は、次のとおりです。

企業	年度	棚卸資産（千円）	月間売上高（千円）	棚卸資産回転期間（月）
A社	前期	45,000	43,767	1.03
	当期	51,000	52,817	0.97
B社	前期	37,000	52,100	0.71
	当期	76,000	44,317	1.71

➡分析

A社は前期1.03月であったものが、当期0.97月へと短縮し、在庫が減少していることがわかります。一方、B社は前期0.71月であったものが、当期1.71月へと長くなり、在庫が増加していることがわかります。

2　キャッシュ・フロー計算書を読む

キャッシュ・フロー計算書とは　キャッシュ・フロー計算書とは、企業の一定期間におけるキャッシュの増減をあらわす計算書です。

ステップアップ⑱

キャッシュ・フロー計算書は、貸借対照表、損益計算書、株主資本等変動計算書を補足するものではなく、同列で作成されるものです。

　貸借対照表の資産の部に表示されるキャッシュの増減をあらわしたのがキャッシュ・フロー計算書ですので、両者は密接な関係を有しています。

ステップアップ⑲

キャッシュ・フロー計算書は、いわば資金繰り表です。取引先、金融機関、買収先等が利用します。

（1）営業キャッシュ・フローの読み方

営業キャッシュ・フローの重要性　営業キャッシュ・フローは、企業の営業活動の結果得られたキャッシュ・フローをさします。したがって、営業キャッシュ・フローがプラスかマイナスかが重要な意味をもつことになります（図表25_6）。

復習ポイント⑨

営業キャッシュ・フローについては第20節（pp.127-135）で学習しました。

図表25_6　営業キャッシュ・フローの読み方

プラス	企業の営業活動が順調 事業をすすめるうえでの設備投資や研究開発への投資が可能 株主への配当も可能
マイナス	企業の営業活動が不調 借入れを行う必要が生じるうえ、どこに問題があるか解明し、改善しないと、資金繰りに行きづまって倒産にいたるおそれもある。

売上高営業キャッシュ・フロー比率　売上高営業キャッシュ・フロー比率は、営業キャッシュ・フローを売上高で割って算出します。

売上高に対して営業キャッシュ・フローがどのくらいあるかがわかります。

ステップアップ⑳

算　式

$$売上高営業キャッシュ・フロー比率 = \frac{営業キャッシュ・フロー}{売上高} \times 100$$

ポイント

・売上高営業キャッシュ・フロー比率が高い
　⇒　企業の営業活動でのキャッシュ獲得効率が高い。
・売上高営業キャッシュ・フロー比率が低い
　⇒　企業の営業活動でのキャッシュ獲得効率が低い。

ステップアップ⑳

営業利益には、減価償却費が含まれていますが、定額法を採用するか定率法を採用するかで営業利益に差が出ます。これに対して、営業キャッシュ・フローには、減価償却費が含まれませんので、その方法に影響されません。

復習ポイント⑩

投資キャッシュ・フローについては第 21 節（pp.136-138）で学習しました。

ステップアップ㉑

事業の必要性から、設備投資、研究開発等に投資していることが多いでしょうが、余剰資金を証券投資に向けている企業もあります。

復習ポイント⑪

財務キャッシュ・フローについては第 21 節（pp.138-140）で学習しました。

(2) 投資キャッシュ・フローの読み方

投資キャッシュ・フロー[復習ポイント⑩]を読むに当たっては、投資の対象、投資の規模、資金源泉の視点から次の図表 25_7 に示している項目を検討します。

図表 25_7　投資キャッシュ・フローの読み方

①投資の対象	企業が何に投資しているのか。[ステップアップ㉑]
②投資の規模	企業がどのくらい投資しているのか。
③資金源泉	企業がどこから資金を調達しているか。

(3) 財務キャッシュ・フローの読み方

財務キャッシュ・フロー[復習ポイント⑪]については、資金流入と資金流出の双方から検討します（図表 25_8）。

図表 25_8　財務キャッシュ・フローの読み方

復習ポイント⑫

フリー・キャッシュ・フローについては第 21 節（pp.137-138）で学習しました。

(4) フリー・キャッシュ・フローの読み方

フリー・キャッシュ・フロー[復習ポイント⑫]（純現金収支）は、営業キャッシュ・フローから投資キャッシュ・フローを差し引いたもので、企業が自由に使用できる資金のことです。フリー・キャッシュ・フローについては、使い方と確保の面から検討します。

リコーのフリー・キャッシュ・フロー

下表はリコーのフリー・キャッシュ・フローの推移を示したものです。

（単位：百万円）

2015/3	2016/3	2017/3	2018/3	2019/3
△ 40,913	△ 4,280	△ 18,416	29,211	36,016

※　従来の米国会計基準（US-GAAP）にかえて 2015 年 3 月期より国際会計基準（IFRS）を適用。なお、2014 年 3 月期まで：US-GAAP、2015 年 3 月期から：IFRS。

出所：リコー HP　https://jp.ricoh.com/IR/financial_statement/financial.html

ここでは、フリー・キャッシュ・フロー、投下資本や売上高とキャッシュ・フローの関係等から企業の収益性を分析します。

> 売上高営業キャッシュ・フロー比率
> 総資産営業キャッシュ・フロー比率
> フリー・キャッシュ・フロー
> 営業キャッシュ・フロー対流動負債比率

(1) 売上高営業キャッシュ・フロー比率

売上高営業キャッシュ・フロー比率は p.187 で説明してあります。

➡やってみよう
第23節に示したキャッシュ・フロー計算書からA社とB社の売上高営業キャッシュ・フロー比率を計算し、分析してみよう。

➡計算
A社とB社の売上高営業キャッシュ・フロー比率は、次のとおりです。

企業	年度	営業キャッシュ・フロー （千円）	売上高 （千円）	売上高営業キャッシュ・フロー比率 （%）
A社	前期	53,050	525,200	10.1
	当期	70,400	633,800	11.1
B社	前期	3,490	625,200	0.6
	当期	△ 66,800	531,800	△ 12.6

➡分析
A社の売上高営業キャッシュ・フロー比率は、10.1%～11.1%へとほぼ横ばいですが、B社の売上高営業キャッシュ・フロー比率は、0.6%から△12.6%へと減少し、低いことがわかります。

(2) 総資産営業キャッシュ・フロー比率

投下資本とキャッシュ・フローの関係から企業の収益性を分析するのに**総資産営業キャッシュ・フロー比率**を使用します。これは、総資産（＝総資本）に占める営業キャッシュ・フローの割合です。

算式
$$総資産営業キャッシュ・フロー比率 = \frac{営業キャッシュ・フロー}{総資産} \times 100$$

ポイント
・総資産営業キャッシュ・フロー比率が高いほうが望ましい。

売上高営業キャッシュ・フロー比率
トピック⑫

売上高営業キャッシュ・フロー比率ランキング（2017年）は以下のとおりです。

売上高営業 CF 比率 医薬・通信、効率よく現金稼ぐ

多くの日本企業が 2017年度に利益を伸ばした中で、企業を選ぶ視点の一つが現金を稼ぐ効率だ。将来に向けた投資や株主への利益還元の原資をいかに確保しているのか。売上高営業キャッシュフロー比率をみると、上位には医薬品や通信会社が並んだ。（後略）

運輸や不動産は資産効率が良くなった効果が大きい

順位	社名	売上高営業キャッシュフロー比率（%）	営業キャッシュフロー（億円）
1	キーエンス	38.5	2029
2	塩野義	37.7	1297
3	JR東海	33.5	6095
4	NTTドコモ	31.7	1兆5115
5	国際石開帝石	29.8	2785
6	SMC	26.1	1543
7	OLC	25.6	1228
8	HOYA	25.3	1354
9	エーザイ	24.9	1496
10	菱地所	24.6	2933
11	ファナック	24.2	1759
12	アステラス	24.0	3126
13	JR東日本	23.9	7041
14	信越化	23.1	3327
15	NTT	22.4	2兆6375
16	武田	21.3	3778
17	JR九州	21.2	876
18	KDDI	21.1	1兆0614
19	ルネサス	21.0	1642
20	シマノ	20.6	692

注）18位までに2017年度決算を発表し、同年度の売上高が3000億円以上の主な上場企業が対象（金融除く）。決算期変更など除く

出所：「売上高営業 CF 比率 医薬・通信、効率よく現金稼ぐ」日本経済新聞 2018 年 5 月 24 日電子版

➡やってみよう

第23節に示したキャッシュ・フロー計算書からA社とB社の総資産営業キャッシュ・フロー比率を計算し、分析してみよう。

➡計算

A社とB社の総資産営業キャッシュ・フロー比率は、次のとおりです。

企業	年度	営業キャッシュ・フロー　（千円）	総資産（千円）	総資産営業キャッシュ・フロー比率　　（％）
A社	前期	53,050	352,600	15.0
	当期	70,400	395,900	17.8
B社	前期	3,490	354,200	1.0
	当期	△66,800	371,100	△18.0

➡分析

A社の総資産営業キャッシュ・フロー比率は、15.0％～17.8％へと増加し、高いですが、B社は、1.0％～△18.0％へと減少し、低いことがわかります。

（3）フリー・キャッシュ・フロー

　　営業キャッシュ・フローと**投資キャッシュ・フロー**の関係から企業の安全性を分析するのに**フリー・キャッシュ・フロー**を使用します。

ステップアップ㉒

> フリー・キャッシュ・フロー＝営業キャッシュ・フロー － 投資キャッシュ・フロー

➡やってみよう

第23節に示したキャッシュ・フロー計算書からA社とB社のフリー・キャッシュ・フローを計算し、分析してみよう。

➡計算

A社とB社のフリー・キャッシュ・フローは、次のとおりです。

企業	年度	営業キャッシュ・フロー　（千円）	投資キャッシュ・フロー　（千円）	フリー・キャッシュ・フロー　　（千円）
A社	前期	53,050	△7,900	45,150
	当期	70,400	△19,300	51,100
B社	前期	3,490	3,200	6,690
	当期	△66,800	41,400	△25,400

➡分析

A社のフリー・キャッシュ・フローは45,150千円から51,100千円へと増加していますが、B社のフリー・キャッシュ・フローは6,690千円から△25,400千円へと減少しており、水準は低いことがわかります。

ステップアップ㉒

「フリー・キャッシュ・フロー（FCF）＝営業キャッシュ・フロー－投資キャッシュフロー」か「フリー・キャッシュ・フロー＝営業キャッシュ・フロー＋投資キャッシュ・フロー」か？

「FCF＝営業CF－投資CF」との表記は、FCFの定義である「企業が営業活動により手に入れたキャッシュから、企業の営業活動に必要な設備投資などで支出したキャッシュを差し引いた残りのキャッシュ」に従っていると思われます。実際には、キャッシュ・フロー計算書の投資CFでは、設備投資等により支出した場合は「マイナス」として表記されるため、「FCF＝営業CF＋投資CF」という表記でも誤りではないと思われます。

（4）営業キャッシュ・フロー対流動負債比率

　流動負債と営業キャッシュ・フローの関係から企業の安全性を分析するのに**営業キャッシュ・フロー対流動負債比率**を使用します。これは、流動負債に占める営業キャッシュ・フローの割合です。

算　式

$$\text{営業キャッシュ・フロー対流動負債比率} = \frac{\text{営業キャッシュ・フロー}}{\text{流　動　負　債}} \times 100$$

ポイント

・営業キャッシュ・フロー対流動負債比率が高いほうが望ましい。

➡やってみよう

第23節に示したキャッシュ・フロー計算書からＡ社とＢ社の営業キャッシュ・フロー対流動負債比率を計算し、分析してみよう。

➡計算

Ａ社とＢ社の営業キャッシュ・フロー対流動負債比率は、次のとおりです。

企業	年度	営業キャッシュ・フロー　（千円）	流動負債（千円）	営業キャッシュ・フロー対流動負債比率　　（%）
Ａ社	前期	53,050	76,000	69.8
	当期	70,400	90,700	77.6
Ｂ社	前期	3,490	116,000	3.0
	当期	△66,800	118,500	△56.4

➡分析

Ａ社の営業キャッシュ・フロー対流動負債比率は、69.8％から77.6％へと増加し、高いですが、Ｂ社は、3.0％から△56.4％へと減少し、低いことがわかります。

𝓟本節のポイント

✎損益計算書における収益性分析が、理解できましたか。

✎損益計算書における成長性分析が、理解できましたか。

✎貸借対照表と損益計算書を用いた分析が、理解できましたか。

✎キャッシュ・フロー計算書の分析を、理解できましたか。

ステップアップ㉓

営業活動で得られるキャッシュ・フロー（営業CF）を用いた指標に、営業キャッシュ・フロー対有利子負債比率があります。これは、営業キャッシュ・フローで有利子負債をどの程度まかなえるかをあらわす指標です。支払能力をあらわす財務指標であり、比率が高いほど返済能力が高いと判断できます。
営業キャッシュ・フロー対有利子負債比率は、下記の計算式により導き出せます。
営業キャッシュ・フロー対有利子負債比率＝営業CF÷有利子負債×100％

ステップアップ㉔

営業キャッシュ・フローのかわりにフリー・キャッシュ・フローを使用することもあります。

26 まとめ

（1）A社の前期および当期の数値にもとづき、前節までに学習した各指標を使用してA社の収益性、安全性、成長性について分析をしてみましょう。

（2）B社の前期および当期の数値にもとづき、前節までに学習した各指標を使用してB社の収益性、安全性、成長性について分析をしてみましょう。

（3）A社とB社の当期の数値にもとづき、両社の収益性、安全性、成長性について比較分析をしてみましょう。

1 ケーススタディの結果

前節まででA社とB社の貸借対照表、損益計算書等の数値をもとに各指標について両社を比較分析してきました。ここでは、A社とB社が2年間でどのように推移したかをみていきます。

まず、両社の各指標がどう変化したかをみます。

A社の時系列比較

（1）A社の財政状態および経営成績

	前 期	当 期
流動比率	255.5%	269.0%
当座比率	196.3%	212.8%
自己資本比率	73.9%	73.5%
負債比率	34.1%	35.0%
固定比率	60.8%	52.2%
固定長期適合率	57.9%	50.3%
1株当たり純資産	1,319円	1,471円
1株当たり純資産倍率	3.87倍	4.28倍
売上高総利益率	33.1%	33.9%
売上高営業利益率	12.6%	15.4%
売上高経常利益率	12.8%	15.7%
売上高当期純利益率	7.6%	9.6%
1株当たり当期純利益	200円	303円
配当性向	21.0%	29.0%
株価収益率	25.5倍	20.8倍
増収率	23.6%	20.7%
増益率	61.3%	51.5%
総資産当期純利益率	11.3%	15.3%
自己資本当期純利益率	15.3%	20.8%
総資本（総資産）回転率	1.49回	1.60回
売上債権回転期間（月）	0.21月	0.23月
仕入債務回転期間（月）	1.54月	1.40月
棚卸資産回転期間（月）	1.03月	0.97月

(2)　A社のキャッシュ・フローの状況

	前　期	当　期
売上高営業キャッシュ・フロー比率	10.1%	11.1%
総資産営業キャッシュ・フロー比率	15.0%	17.8%
フリー・キャッシュ・フロー	45,150 千円	51,100 千円
営業キャッシュ・フロー対流動負債比率	69.8%	77.6%

☞　分析

　A社は売上および各利益が順調に伸びています。安全性、収益性、成長性を分析する各指標はすでにみたとおりです。全体的に問題はないようです。また、キャッシュ・フローの状態も良好です。

B社の時系列比較

(1)　B社の財政状態および経営成績

	前　期	当　期
流動比率	77.4%	108.4%
当座比率	45.5%	44.3%
自己資本比率	25.7%	22.8%
負債比率	287.5%	336.9%
固定比率	290.2%	286.8%
固定長期適合率	111.6%	96.6%
1株当たり純資産	355 円	331 円
1株当たり純資産倍率	0.65 倍	0.45 倍
売上高総利益率	25.1%	20.1%
売上高営業利益率	3.5%	△4.8%
売上高経常利益率	1.1%	△7.8%
売上高当期純利益率	0.7%	△1.5%
1株当たり当期純利益	16.5 円	△30.0 円
配当性向	4.4%	0.0%
株価収益率	13.9 倍	－
増収率	△13.2%	△14.9%
増益率	△24.6%	△281.4%
総資産当期純利益率	1.2%	△2.1%
自己資本当期純利益率	4.7%	△9.2%
総資本（総資産）回転率	1.77 回	1.43 回
売上債権回転期間（月）	0.20 月	0.40 月
仕入債務回転期間（月）	1.43 月	1.42 月
棚卸資産回転期間（月）	0.71 月	1.71 月

(2)　B社のキャッシュ・フローの状況

	前　期	当　期
売上高営業キャッシュ・フロー比率	0.6%	△12.6%
総資産営業キャッシュ・フロー比率	1.0%	△18.0%
フリー・キャッシュ・フロー	6,690 千円	△25,400 千円
営業キャッシュ・フロー対流動負債比率	3.0%	△56.4%

☞　分析

　B 社は売上が減少し、それに応じて各利益も減少しました。安全性、収益性、成長性を分析する各指標はすでにみたとおりです。全体的に問題がみられます。また、キャッシュ・フローの状態も悪化しています。

A 社と B 社の比較（当期）

(1)　財政状態および経営成績

	A 社	B 社
流動比率	269.0%	108.4%
当座比率	212.8%	44.3%
自己資本比率	73.5%	22.8%
負債比率	35.0%	336.9%
固定比率	52.2%	286.8%
固定長期適合率	50.3%	96.6%
1 株当たり純資産	1,471 円	331 円
1 株当たり純資産倍率	4.28 倍	0.45 倍
売上高総利益率	33.9%	20.1%
売上高営業利益率	15.4%	△ 4.8%
売上高経常利益率	15.7%	△ 7.8%
売上高当期純利益率	9.6%	△ 1.5%
1 株当たり当期純利益	303 円	△ 30.0 円
配当性向	29.0%	0.0%
株価収益率	20.8 倍	－
増収率	20.7%	△ 14.9%
増益率	51.5%	△ 281.4%
総資産当期純利益率	15.3%	△ 2.1%
自己資本当期純利益率	20.8%	△ 9.2%
総資本（総資産）回転率	1.60 回	1.43 回
売上債権回転期間（月）	0.23 月	0.40 月
仕入債務回転期間（月）	1.40 月	1.42 月
棚卸資産回転期間（月）	0.97 月	1.71 月

(2)　キャッシュ・フローの状況

	A 社	B 社
売上高営業キャッシュ・フロー比率	11.1%	△ 12.6%
総資産営業キャッシュ・フロー比率	17.8%	△ 18.0%
フリー・キャッシュ・フロー	51,100 千円	△ 25,400 千円
営業キャッシュ・フロー対流動負債比率	77.6%	△ 56.4%

☞　分析

　A 社と B 社を比較すれば、どちらの財政状態および経営成績がよいか一目瞭然です。A 社のほうが良好ですね。また、キャッシュ・フローの状況も A 社のほうが良好です。

　A 社の売上は大幅に増加し、利益も大幅に増加しています。それに対し B 社の売上は大幅に減少し、利益も大幅に減少しています。B 社の資金繰りは

苦しく、土地を売却しているほどです。

ところで、財務諸表分析を行うにあたって、1つの指標だけで判断することは危険です。何らかの理由で、1つだけ異なる数値となることがあります。正確な分析を行うためには、複数の指標を用いて多角的に検討しましょう。

ステップアップ②

それは、貸借対照表の土地が133,900千円から123,900千円に減少し、また、特別利益に固定資産売却益が30,000千円計上されていることからわかります。

2 練習問題

上記のケースでは、小売業のライバル企業を比較してみましたが、ほかの業種で以下のようなライバル企業について、実際の財務諸表を入手して、分析してみましょう。

(1) トヨタ自動車と本田技研工業

(2) イトーヨーカドーとイオン

(3) 日本航空と全日空

ステップアップ③

ここにあげた企業のほかに自分で興味のある企業についても分析してみましょう。

復習ポイント①

財務諸表の入手方法については第7節（pp.37-40）で学習しました。

トピック⑬

AIの活用

最近AIが注目されていますが、財務分析についてもAIを活用することが増えそうです。
2019年8月9日付の日本経済新聞電子版では、以下の記事がみられます。

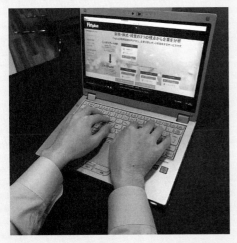

デロイトトーマツファイナンシャルアドバイザリーが刷新するサービス「Finplus（フィンプラス）」の使用画面

デロイトトーマツ、企業分析AIを刷新　結果を即日提供

デロイトトーマツファイナンシャルアドバイザリー（東京・千代田）は人口知能（AI）を活用した企業分析サービスを刷新した。財務諸表分析や株式分析シミュレーションを提供するまでの時間を従来サービスの1営業日から即日に短縮した。M&A（合併・買収）や業務提携の対象企業選定などの用途を見込む。

企業分析サービス「Finplus（フィンプラス）」を刷新し、8日から提供を始めた。分析作業の時間は最短30分程度まで短縮。画面デザインも改良し、操作性を高めた。迅速な意思決定が求められるM&Aや業務提携の場面で、より速く使いやすいサービスを提供することで、顧客の満足度を向上する。

フィンプラスは同社とシステム開発のTISが共同で開発したサービス。対象会社の直近3カ年分の貸借対照表や損益計算書などの財務データを送信すると、PDF形式で50ページほどの報告が企業に届く。

出所：「デロイトトーマツ、企業分析AIを刷新　結果を即日提供」日本経済新聞2019年8月9日電子版

本節のポイント

本節ではA社とB社の数値にもとづきケーススタディを行った結果、どのようなことがわかったか確認できましたか。

1 下記の資料から考察した売上高利益率の推移に関する記述について、正しいものは次のうちどれですか。

		（単位：百万円）
	前期	当期
売 上 高	2,170	2,660
売上原価	1,640	1,990
販売費及び一般管理費	322	385
営業外収益（受取利息）	5	7
営業外費用（支払利息）	25	35

(1)　売上原価率は上昇し、売上高総利益率も上昇した。

(2)　売上高総利益率は上昇し、売上高営業利益率は低下した。

(3)　売上高対販売費及び一般管理費比率と売上高営業利益率は、ともに低下した。

(4)　売上高営業利益率は上昇したが、売上高経常利益率は低下した。

(5)　売上原価率と売上高対販売費及び一般管理費比率は、ともに低下し、売上高経常利益率は上昇した。

〔2019 年 6 月（第 143 回）銀行業務検定試験　財務 3 級〕（一部改題）

2 下記の資料から考察した同業 A 社および B 社の長期的安全性に関する比率分析について、誤っているものは次のうちどれですか。

	A 社	B 社
自己資本比率（％）	24.5	36.5
固定比率（％）	216.3	167.2
固定長期適合率（％）	73.5	91.2

(1)　B 社は、自己資本比率が A 社を上回っており、A 社に比べ自己資本の充実が図られている。

(2)　両社とも固定比率が100％を上回っていることから、自己資本を上回る固定資産投資が行われている。

(3)　両社とも固定長期適合率が100％を下回っているので、健全な固定資産投資が行われているといえる。

(4)　A 社は、B 社に比べ、固定資産投資を長期借入金等の固定負債でカバーしている比率が高いといえる。

(5)　A 社は、B 社に比べ、自己資本比率が低く、固定長期適合率の観点でも B 社より安全性が低いといえる。

〔2019 年 3 月（第 142 回）銀行業務検定試験　財務 3 級〕

解答　1―(5)、2―(5)

●本書の関連データが Web サイトからダウンロードできます。
https://www.jikkyo.co.jp の“書籍・ダウンロード検索”で「入門会計学」を
検索してください。
【提供データ】講義用スライド、サブノート、テキストで用いる会計情報のデー
タ
　講義用スライドおよびサブノートのデータをご利用になるにはパスワードが
必要となります。本書を講義用として一括ご採用いただいた先生方にはパスワー
ドをお知らせいたしますので、弊社企画開発部までお電話（03-3238-7751）
にてお問い合わせください。

本書章末問題に掲載された各試験の試験問題及び解答は、各出典元の許諾
を得て掲載されたものであり、無断転載を禁じます。なお、ビジネス会計
検定試験問題の出所は、大阪商工会議所編『ビジネス会計検定試験公式過
去問題集 2 級〈第 4 版〉』（中央経済社刊）です。

■編修・執筆

かたやま　さとる
片山　　覺　早稲田大学名誉教授

やまうち　あき
山内　　暁　早稲田大学商学学術院 商学部教授

たかく　りゅうた
髙久　隆太　元慶應義塾大学商学部教授

い で けん じ ろう
井出健治郎　兵庫県立大学大学院社会科学研究科教授

なるおか　ひろかず
成岡　浩一　専修大学商学部教授

ね ぎし　りょうへい
根岸　亮平　千葉商科大学商経学部准教授

●カバー・表紙──㈱エッジ・デザイン・オフィス

専門基礎ライブラリー
入門会計学　改訂版
決算書が読めるようになるエッセンス

2009 年 11 月 10 日　初版第 1 刷発行
2020 年 10 月 30 日　改訂版第 1 刷発行
2024 年 1 月 10 日　改訂版第 4 刷発行

●執筆者　　片山　覺（ほか 5 名）
●発行者　　小田良次
●印刷所　　中央印刷株式会社

●発行所　　実教出版株式会社
〒102-8377
東京都千代田区五番町 5 番地
電話［営　　業］(03) 3238-7765
　　［企画開発］(03) 3238-7751
　　［総　　務］(03) 3238-7700
https://www.jikkyo.co.jp

無断複写・転載を禁ず

©S.Katayama, A.Yamauchi, R.Takaku, K.Ide, H.Naruoka, R.Negishi

ISBN　978-4-407-34954-2　C3034　　　　　　　　　　　　　　Printed in Japan